הגדה

לחם עוני

לחם שעונים עליו דברים הרבה

הגדה של פסח והלכות לתלמידים

Hagadah Leh'em 'Oni

Leh'em She'onim 'Alav Debarim Harbeh

Pesach Hagadah For Students

732~222~8908

ISBN 978~1~4507~0999~6
Printed in conjuction with Kahal Benei Torah, Lakewood, NJ
Printed in Israel

CONTENTS

בס"ד
יום ג' פרשת כי תצא תש"ס לפ"ק
פה לייקווד יצ"ו

הנה ראיתי הגדה לחם עוני הגדה של פסח והלכות לתלמידים
לפי מנהגי הספרדים ועדות המזרח והוא מלאכה נפלאה
להועיל מאד לתלמידים וגם למבוגרים להבין סדר הדברים
אשר כ"כ נחוץ להבין היטב יסודי האמונה וטעמי המצות
בליל התקדש חג פסח.

הספר נכתב בלשון המדוברת כדי להרחיב גבול
השפעתה והדברים נכתבו בטוב טעם ודעת אשר
כל אחד ואחד ימצא בה טעם לפי מדרגתו והבנתו.
ובהכרת טובה להאברך החשוב (מוהר"ר דוד אהרן
פרנקו שליט"א) אשר יגע הרבה להוציא דבר מתוקן
מתחת ידו ונכבר נוסה למעשה בבתי ספר בהצלחה
מרובה, ונשאר רק לברך ולהתפלל שיפוצו מעיינותיו
חוצה להרבות אמונה טהורה ושמחה במצות
הלילה, אשר מעולם כל בית ישראל נשען על סדר
ליל פסח לגדל בניהם לתורה ולתעודה.

ממני הכו"ח למען חיזוק החינוך הטהור בישראל
מתתי' חיים סלומון

בס"ד
Tuesday of תש"ס ,פרשת כי תשא
Lakewood, NJ

Here I have seen the הגדה, הגדה לחם עוני הגדה של פסח והלכות לתלמידים according to the customs of the ספרדים, and it is a wondrous work of great value for students as well as for older people, with which to understand the order of procedure which is so important to understand the basis of faith and reasons of the מצות of the holy night of פסח.

The book has been written in the "spoken tongue" to expand its influence. The text has been written pleasantly and intelligently, so that everyone may find within it "flavor" according to his level and understanding.

With great gratitude to Rabbi David Aharon Franco שליט"א who has worked hard to produce a corrected -finished- work from his hand, tested in the classroom with great success.

There remains but to bless and pray that the "fountain flows outward" to enhance the pure faith and joy in performing מצות of the evening, of the Night of פסח, upon which the House of Israel relies upon to raise their children in תורה.

To strengthen the pure education in ישראל.

Rabbi Mattisyahu Chayim Salomon
משגיח רוחני - ישיבת בית מדרש גבוה

ב"ה

עובדיה יוסף
הראשון לציון
ונשיא מועצת חכמי התורה

OVADIA YOSSEF
RISHON LEZION
AND PRESIDENT OF TORAH SAGES COUNSIL

ירושלים כו שבט תשס"א JERUSALEM

הסכמה

הובא לפני הספר "לחם עוני" ביאור על הגדה של פסח – לילדים. מאת הרב היקר שוקד באהלה של תורה, לילה כיום יאיר כחשיכה כאורה, חכו ממתקים וכולו מחמדים, תהלתו בקהל חסידים, כש"ת הרב דוד אהרן פרנקו שליט"א. איישר חיליה לאורייתא.

יהי רצון שיפוצו מעינותיו חוצה בבריאות איתנה ונהורא מעליא, להגדיל תורה ולהאדירה, ויעלה מעלה מעלה במעלות התורה והיראה ובמדות תרומיות. "והיה כעץ שתול על פלגי מים, אשר פריו יתחן בעתו ועלהו לא יבול, וכל אשר יעשה יצליח".

עובדיה יוסף

הלשכה בבית המדרש יחוה דעת רח' הרב שמעון אגסי 1 הר נוף ירושלים

Congregation Ohel Simha
BUILDING FOR THE FUTURE

PO Box 2088 - 295 Park Ave – Elberon, NJ 07740 Telephone 732-571-2711 Fax 732-571-1491
WWW.OHELSIMHA.COM

י״ח טבת תשע״ג

One of the most popular ספרים written and printed every year is the הגדה של פסח, and rightfully so, for it is the basis of אמונה and tradition from fathers to sons for thousands of years.

How beautiful is the Hagadah Lehem 'Oni that Rabbi David Franco has written which speaks to us all, fathers and children alike. It has הלכות and explanations, it guides one through this magnificent night and indeed, it gives over the אמונה and מסורה which each generation needs.

May Rabbi Franco continue to teach our children for may years to come with good health, and נחת from his children an his תלמידים.

בידידות

בס״ד

אור לכ״ב אדר
תשס״ו

הרב חיים בן עוליאל
Rabbi Haim Benoliel
1705 East Fifth Street
Brooklyn, N.Y. 11223
(718) 336-0079

Yeshivat Mikdash Melech
1326 Ocean Parkway
Brooklyn, N.Y. 11230
Tel: (718) 339-1090
Fax: (718) 998-9321

Rabbi David Franco
Deal Yeshiva
Deal, N.J.

Dear R' David הי״ו

I was delighted to receive and review the Hagadah Leh'em Oni, the beautiful fruits of your labor.

I am certain that it will guide and inspire not only young talmidim but many adults as well!

As an outstanding alumnus of Mikdash Melech, we have always been very proud of you and see this latest project as another fine accomplishment – May you continue מחיל אל חיל!

With best regards
וברכת כל טוב,

בידידות,
H Benoliel

INTRODUCTION

The גְּמָרָא in מס׳ פְּסָחִים refers to מַצָּה as לֶחֶם עוֹנִי - "Poor Man's Bread" (from the Hebrew 'עָנִי - a poor man') due to its lowly, unleavened appearance, the haste in which it's prepared, and the piece-by-piece way it's usually gathered and eaten. The גְּמָרָא also brings down another explanation - that this is לֶחֶם שֶׁעוֹנִים עָלָיו דְּבָרִים הַרְבֵּה "Bread About Which, Many Things May Be Answered", connecting the word עָנִי to the Hebrew 'עֹנֶה - to answer'.

As a Rebbe, I have always been uneasy with the practice of sending home דִּבְרֵי תּוֹרָה for students to read at the סֵדֶר. There were two things that troubled me.

The first, lay in the sheer number of דִּבְרֵי תּוֹרָה that *had* to be said. Each child has plenty to say - sometimes things that are read *very slowly* by younger children- and with so many children from so many families בע"ה, coming together each year, someone inevitably loses out; be it the frustrated child who's aware that everyone is waiting, the impatient adults who have their own topics of יְצִיאַת מִצְרַיִם to discuss, or those that don't understand even simple concepts and want to 'get on with it already'.

I was troubled, too, by the obligation of the evening! Concerning our מִצְוָה on the night of the סֵדֶר, the פָּסוּק says: **וְהִגַּדְתָּ לְבִנְךָ - "And You Will Tell To Your Son..."** With so many things for the ***children*** to say - **who's telling who?**

To counter these 'difficulties', one year, I decided to teach my Second Grade class the הַגָּדָה in its totality! Leaving very little untouched, I taught my boys and gave them a thorough working knowledge of most of the הַגָּדָה, reasoning that they would now be able to take part in any discussion at the table without 'taking over' the show.

One parent came to me right after פֶּסַח with a good natured and valid complaint. "I saw that my son knew so much and had a lot to say - but I couldn't figure out how to bring it out..."

And so the idea for my class's following year's הַגָּדָה -the basis for this סֵפֶר- took shape. I would write specific, directed questions on most, if not all, of the הַגָּדָה! The questions and answers would be written in a simple enough way to be understood by children - but would be complete enough to teach a thing or two even to adults.

The pieces would be short enough to be read aloud by anyone; 'Leader' or participant; adult or child alike.

Even the layout on the page would be simple - questions would be directly opposite the pieces they speak of.

Combined with clear, step by step instructions, a large-set text of the entire הַגָּדָה, and an easy to understand collection of הַלָכוֹת - laws and customs - my הַגָּדָה would be complete, and was extremely well received the following year.

Please note...

...that while this הַגָּדָה was designed for children to use (as explained), it may be used and enjoyed by adults, too. The one conducting the סֵדֶר may choose to ask (and even answer) the questions; or use them as a springboard for discussion to involve everyone on the סֵדֶר.

Please note that while the הַגָּדָה has been designed for use by all, the section of laws and customs has been included *only as a guide. While the laws and customs have been reviewed for accuracy, should any actual Halachic question or situation arise - one should ask his Rabbi!*

Knowing full well that children aren't always as careful as they should be, the name of ה' has been substituted or altered throughout the text of this הַגָּדָה.

Additionally, for the sake of clarity, sources have not been listed.

In a way, the entire לֵיל הַסֵּדֶר is a display of thanks and praise to ה'. So many people have helped me on this project, that to ignore the contributions of others would be inexcusable. To sincerely thank each and every person who helped me bring this סֵפֶר from its initial concept to its present form is something I do with pride and pleasure, however, over the years, so many have made suggestions that have been included into this edition, to recognize each person individually would be virtually impossible. Not to attempt to, though, would be inexcusable.

Thank You, Mrs. Stacy Gindi, for the initial idea behind this הַגָּדָה, to the many parents of my students- as well as to my own dear parents, for their encouragement throughout its initial production.

Thank You, to the many friends who have helped contribute to this סֵפֶר over the years - most notably: Rabbi and Mrs. Z. Malinowitz, Rabbi David Sultan, R' David Hai Zafrani, R' Rahamim Ashkenazi, R' Meyer Safdieh, Rabbi Yishak Farhi and my dear brother-in-law, R' David Harary, whose valuable suggestions that have greatly enhanced this project.

A special thanks to both Rabbi Yishak Dwek and to Rav Shemuel Choueka for taking from their valuable time to go through each and every page to ensure this סֵפֶר's accuracy.

Special thanks to my dear wife, whose constant encouragement helped transform an idea into this special work.

Special thanks to Mr. Jimmy Kassin for spearheading the effort to produce this work as a hard covered volume. His tireless efforts to procure sponsons has been a monumental task. I extend a special thanks to those sponsors. May ה' יִתְבָּרַךְ richly reward them all.

Finally, I offer thanks and praise to ה' יִתְבָּרַךְ for allowing me to see this work through to its completion. I hope that it is found worthy to be a tool to help fulfill the גְּמָרָא's explanation of לֶחֶם עוֹנִי - לֶחֶם שֶׁעוֹנִים עָלָיו דְּבָרִים הַרְבֵּה.

דוד פרנקו - ו' תמוז תשע"ב

הגדה של פסח

לחם עוני

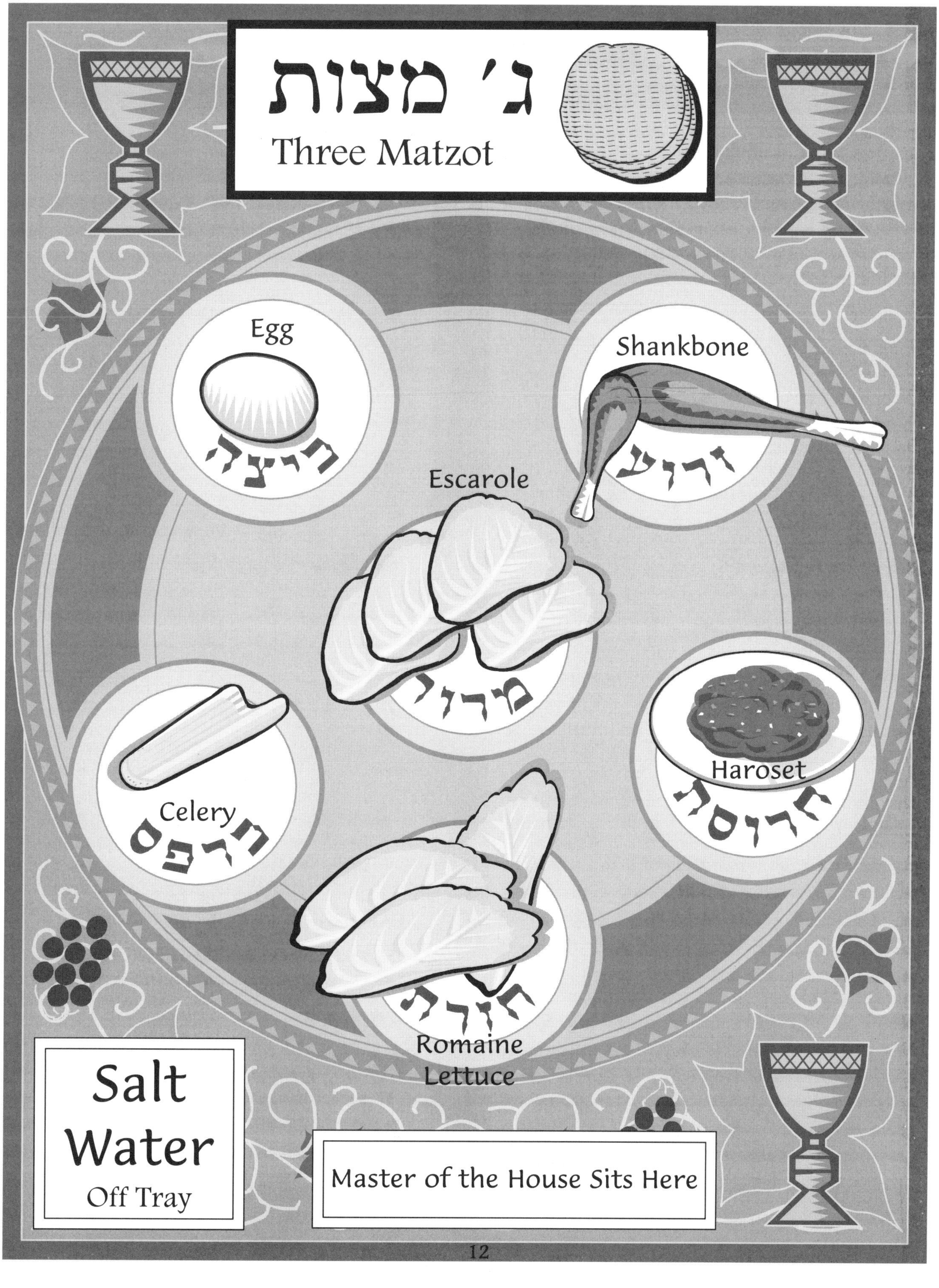
ג׳ מצות
Three Matzot
Egg
ביצה
Shankbone
זרוע
Escarole
מרור
Haroset
חרוסת
Celery
כרפס
חזרת
Romaine Lettuce
Salt Water
Off Tray
Master of the House Sits Here

קְעָרַת סֵדֶר פֶּסַח

The Seder Tray

	What is it?	How do we use it?	Why?	Remember:
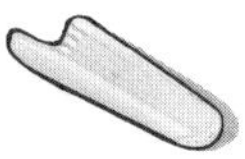	כַּרְפַּס Celery	After we wash our hands, we dip this vegetable into salt water.	The salty taste reminds us of the tears we cried when we were slaves in Egypt.	Don't eat too big a piece. A piece about an inch long is fine.
	בֵּיצָה Hard-Boiled Egg	We eat this before the meal.	We eat a cooked food to remember a special קָרְבָּן - the קָרְבָּן חֲגִיגָה.	We use an egg because this is a food of mourners. Even though it is a happy night, we remember that we don't have a בֵּית הַמִּקְדָּשׁ.
	חֲרוֹסֶת Haroset	We will dip our מָרוֹר, and also our כּוֹרֵךְ - sandwich into it.	The sticky חֲרוֹסֶת reminds us of the thick cement we built with in Egypt.	After you dip the מָרוֹר into the חֲרוֹסֶת shake it off - we want to be able to taste the bitter taste of the מָרוֹר.
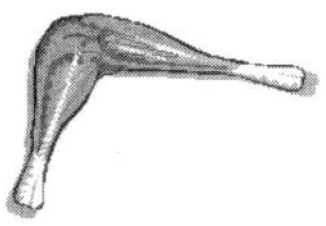	זְרוֹעַ Shank Bone	Our custom is to eat the זְרוֹעַ on the night of the סֵדֶר. First it is boiled, then it is roasted.	This bone with meat on it represents the קָרְבָּן פֶּסַח. It is usually roasted - cooked over fire.	We don't want anyone to think we're really eating the קָרְבָּן פֶּסַח outside of יְרוּשָׁלַיִם, so do not call it "פֶּסַח" or point to it when we refer to the קָרְבָּן פֶּסַח during the סֵדֶר.
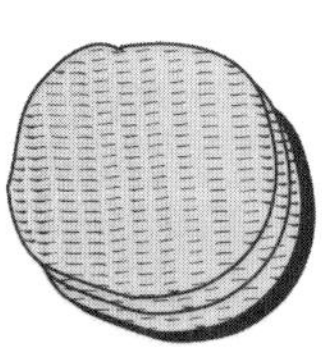	ג׳ מַצּוֹת Three Matzot	The middle מַצָּה will be used for אֲפִיקוֹמָן & עַל אֲכִילַת מַצָּה, the other two will be used for לֶחֶם מִשְׁנֶה. The third מַצָּה will be used for כּוֹרֵךְ.	We eat מַצָּה to remember how we worked as slaves in Egypt, and also to show how quickly we left!	This מַצָּה should be made of wheat that has been guarded from water from the time the grains were cut. Each מַצָּה should be whole, and baked for the מִצְוָה.
	חֲזֶרֶת Romaine Lettuce	This leafy vegetable is used in the כּוֹרֵךְ - sandwich together with מָרוֹר.	חֲזֶרֶת reminds us of the bitter times we suffered as slaves in Egypt, just as the מָרוֹר does.	The leaves of Romaine Lettuce must be washed well and checked for the tiny green bugs that live there. It is a difficult job. The stems are easier to clean and check.
	מָרוֹר Escarole	We dip it in the חֲרוֹסֶת, shake off most of it and then eat a proper amount of it.	מָרוֹר reminds us of the bitter times we suffered as slaves in Egypt.	The leaves of Escarole must be washed well and checked for the tiny bugs that live there. It's a difficult job. The stems are easier to clean and check.

The Order of the סֵדֶר

We remember the proper order of the fifteen steps of the סֵדֶר by singing "קַדֵּשׁ וּרְחַץ".

קַדֵּשׁ. וּרְחַץ. כַּרְפַּס. יַחַץ. מַגִּיד. רָחְצָה. מוֹצִיא מַצָּה. מָרוֹר.
כּוֹרֵךְ. שֻׁלְחָן עוֹרֵךְ. צָפוּן. בָּרֵךְ. הַלֵּל. נִרְצָה.

KADESH	We sanctify the day by reciting 'Kidush'.	קַדֵּשׁ.
URHATZ	Wash our hands before eating Karpas.	וּרְחַץ.
KARPAS	Eat a vegetable dipped in salt water.	כַּרְפַּס.
YAHATZ	Divide the middle Matzah in two pieces, using one for the Afikoman.	יַחַץ.
MAGGID	Tell the story of Yetsiat Misrayim.	מַגִּיד.
ROHSAH	Wash for "bread".	רָחְצָה.
MOTZI MATZAH	Say the Berachah of 'Hamotzi'. Say the Berachah of 'Ahl Achilat Matzah."	מוֹצִיא מַצָּה.
MAROR	Eat bitter herbs. Say the Berachah of 'Ahl Achilat Maror."	מָרוֹר.
KORECH	Eat the 'bundle' of Matzah and Maror.	כּוֹרֵךְ.
SHULHAN ORECH	We eat a festive meal.	שֻׁלְחָן עוֹרֵךְ.
SAFOON	Eat the Afikoman that had been hidden.	צָפוּן.
BARECH	Say Birkat Hamazon.	בָּרֵךְ.
HALLEL	Recite the Hallel - praises of Hashem.	הַלֵּל.
NIRTZAH	We pray that Hashem has accepted our Seder.	נִרְצָה.

קַדֵּשׁ

Kadesh - Making Kidush

As soon as the men come home from the בֵּית הַכְּנֶסֶת, we should begin the סֵדֶר. The table should be set and everything should be ready so that we may start as soon as possible!

Each person should have his (or her) own cup of wine or grape juice. Everyone should be sure that their cups can hold the proper amount of wine (about 3.3 ounces).

It's best to use red wine, but if there is a white wine that is better, use that instead. Red wine reminds us of the blood of those of the בְּנֵי יִשְׂרָאֵל who were killed in מִצְרַיִם.

Each person stands and holds his cup of wine during קִידּוּשׁ. Remember that this בְּרָכָה of בּוֹרֵא פְּרִי הַגֶּפֶן will include the next cup of wine, too.

After קִידּוּשׁ we sit down and drink our wine. Make sure to lean to the left side. Try to drink all of the wine at one time.

The cups are rinsed and refilled for each person.

On שַׁבָּת - we say this קִידוּשׁ:

יוֹם הַשִּׁשִּׁי וַיְכֻלּוּ הַשָּׁמַיִם וְהָאָרֶץ וְכָל־צְבָאָם: וַיְכַל אֱלֹקִים בַּיּוֹם הַשְּׁבִיעִי
מְלַאכְתּוֹ אֲשֶׁר עָשָׂה וַיִּשְׁבֹּת בַּיּוֹם הַשְּׁבִיעִי מִכָּל־מְלַאכְתּוֹ אֲשֶׁר עָשָׂה:
וַיְבָרֶךְ אֱלֹקִים אֶת־יוֹם הַשְּׁבִיעִי וַיְקַדֵּשׁ אֹתוֹ כִּי בוֹ שָׁבַת מִכָּל־מְלַאכְתּוֹ
אֲשֶׁר־בָּרָא אֱלֹקִים לַעֲשׂוֹת:

אֵלֶּה מוֹעֲדֵי ה׳ מִקְרָאֵי קֹדֶשׁ אֲשֶׁר־תִּקְרְאוּ אֹתָם בְּמוֹעֲדָם:
וַיְדַבֵּר מֹשֶׁה אֶת־מֹעֲדֵי ה׳ אֶל־בְּנֵי יִשְׂרָאֵל:

סָבְרִי מָרָנַן -- לְחַיִּים

בָּרוּךְ אַתָּה ה׳ אֱלֹקֵינוּ מֶלֶךְ הָעוֹלָם בּוֹרֵא פְּרִי הַגָּפֶן:
בָּרוּךְ אַתָּה ה׳ אֱלֹקֵינוּ מֶלֶךְ הָעוֹלָם אֲשֶׁר בָּחַר בָּנוּ מִכָּל־עָם
וְרוֹמְמָנוּ מִכָּל־לָשׁוֹן וְקִדְּשָׁנוּ בְּמִצְוֹתָיו וַתִּתֶּן־לָנוּ ה׳ אֱלֹקֵינוּ בְּאַהֲבָה
שַׁבָּתוֹת לִמְנוּחָה וּמוֹעֲדִים לְשִׂמְחָה חַגִּים וּזְמַנִּים לְשָׂשׂוֹן אֶת־יוֹם הַשַּׁבָּת
הַזֶּה וְאֶת־יוֹם חַג הַמַּצּוֹת הַזֶּה וְאֶת יוֹם טוֹב מִקְרָא קֹדֶשׁ הַזֶּה
זְמַן חֵרוּתֵנוּ בְּאַהֲבָה מִקְרָא קֹדֶשׁ זֵכֶר לִיצִיאַת מִצְרָיִם:
כִּי בָנוּ בָחַרְתָּ וְאוֹתָנוּ קִדַּשְׁתָּ מִכָּל־הָעַמִּים
וְשַׁבָּתוֹת וּמוֹעֲדֵי קָדְשֶׁךָ בְּאַהֲבָה וּבְרָצוֹן בְּשִׂמְחָה וּבְשָׂשׂוֹן הִנְחַלְתָּנוּ:

בָּרוּךְ אַתָּה ה׳ מְקַדֵּשׁ הַשַּׁבָּת וְיִשְׂרָאֵל וְהַזְּמַנִּים:

בָּרוּךְ אַתָּה ה׳ אֱלֹקֵינוּ מֶלֶךְ הָעוֹלָם שֶׁהֶחֱיָנוּ וְקִיְּמָנוּ וְהִגִּיעָנוּ לַזְּמַן הַזֶּה:

We sit down and drink our wine. Make sure to lean to the left side. Try to drink all of the wine at one time.

The cups are rinsed and refilled for each person.

On מוֹצָאֵי שַׁבָּת - Saturday evening begin by saying:

אֵלֶּה מוֹעֲדֵי ה׳ מִקְרָאֵי קֹדֶשׁ אֲשֶׁר־תִּקְרְאוּ אֹתָם בְּמוֹעֲדָם:
וַיְדַבֵּר מֹשֶׁה אֶת־מֹעֲדֵי ה׳ אֶל־בְּנֵי יִשְׂרָאֵל:

סָבְרִי מָרָנַן -- לְחַיִּים

בָּרוּךְ אַתָּה ה׳ אֱלֹקֵינוּ מֶלֶךְ הָעוֹלָם בּוֹרֵא פְּרִי הַגָּפֶן:
בָּרוּךְ אַתָּה ה׳ אֱלֹקֵינוּ מֶלֶךְ הָעוֹלָם אֲשֶׁר בָּחַר בָּנוּ מִכָּל־עָם
וְרוֹמְמָנוּ מִכָּל־לָשׁוֹן וְקִדְּשָׁנוּ בְּמִצְוֹתָיו וַתִּתֶּן־לָנוּ ה׳ אֱלֹקֵינוּ בְּאַהֲבָה
מוֹעֲדִים לְשִׂמְחָה חַגִּים וּזְמַנִּים לְשָׂשׂוֹן אֶת־יוֹם חַג הַמַּצּוֹת הַזֶּה
וְאֶת יוֹם טוֹב מִקְרָא קֹדֶשׁ הַזֶּה
זְמַן חֵרוּתֵנוּ בְּאַהֲבָה מִקְרָא קֹדֶשׁ זֵכֶר לִיצִיאַת מִצְרָיִם:
כִּי בָנוּ בָחַרְתָּ וְאוֹתָנוּ קִדַּשְׁתָּ מִכָּל־הָעַמִּים
וּמוֹעֲדֵי קָדְשֶׁךָ בְּאַהֲבָה וּבְרָצוֹן בְּשִׂמְחָה וּבְשָׂשׂוֹן הִנְחַלְתָּנוּ:

בָּרוּךְ אַתָּה ה׳ מְקַדֵּשׁ וְיִשְׂרָאֵל וְהַזְּמַנִּים:

Look at the נֵרוֹת and say:

בָּרוּךְ אַתָּה ה׳ אֱלֹקֵינוּ מֶלֶךְ הָעוֹלָם בּוֹרֵא מְאוֹרֵי הָאֵשׁ:
בָּרוּךְ אַתָּה ה׳ אֱלֹקֵינוּ מֶלֶךְ הָעוֹלָם הַמַּבְדִּיל בֵּין קֹדֶשׁ לְחֹל
וּבֵין אוֹר לְחֹשֶׁךְ בֵּין יִשְׂרָאֵל לָעַמִּים
וּבֵין יוֹם הַשְּׁבִיעִי לְשֵׁשֶׁת יְמֵי הַמַּעֲשֶׂה
בֵּין קְדֻשַּׁת שַׁבָּת לִקְדֻשַּׁת יוֹם טוֹב הִבְדַּלְתָּ:
וְאֶת־יוֹם הַשְּׁבִיעִי מִשֵּׁשֶׁת יְמֵי הַמַּעֲשֶׂה הִקְדַּשְׁתָּ
הִבְדַּלְתָּ וְקִדַּשְׁתָּ אֶת־עַמְּךָ יִשְׂרָאֵל בִּקְדֻשָּׁתֶךָ:
בָּרוּךְ אַתָּה ה׳ הַמַּבְדִּיל בֵּין קֹדֶשׁ לְקֹדֶשׁ:

בָּרוּךְ אַתָּה ה׳ אֱלֹקֵינוּ מֶלֶךְ הָעוֹלָם שֶׁהֶחֱיָנוּ וְקִיְּמָנוּ וְהִגִּיעָנוּ לַזְּמַן הַזֶּה:

We sit down and drink our wine. Make sure to lean to the left side. Try to drink all of the wine at one time.

The cups are rinsed and refilled for each person.

On regular nights of **יוֹם טוֹב** we begin by saying:

אֵלֶּה מוֹעֲדֵי ה׳ מִקְרָאֵי קֹדֶשׁ אֲשֶׁר־תִּקְרְאוּ אֹתָם בְּמוֹעֲדָם:
וַיְדַבֵּר מֹשֶׁה אֶת־מֹעֲדֵי ה׳ אֶל־בְּנֵי יִשְׂרָאֵל:

סָבְרִי מָרָנַן -- לְחַיִּים

בָּרוּךְ אַתָּה ה׳ אֱלֹקֵינוּ מֶלֶךְ הָעוֹלָם בּוֹרֵא פְּרִי הַגָּפֶן:
בָּרוּךְ אַתָּה ה׳ אֱלֹקֵינוּ מֶלֶךְ הָעוֹלָם אֲשֶׁר בָּחַר בָּנוּ מִכָּל־עָם
וְרוֹמְמָנוּ מִכָּל־לָשׁוֹן וְקִדְּשָׁנוּ בְּמִצְוֹתָיו וַתִּתֶּן־לָנוּ ה׳ אֱלֹקֵינוּ בְּאַהֲבָה
מוֹעֲדִים לְשִׂמְחָה חַגִּים וּזְמַנִּים לְשָׂשׂוֹן אֶת־יוֹם חַג הַמַּצּוֹת הַזֶּה
וְאֶת יוֹם טוֹב מִקְרָא קֹדֶשׁ הַזֶּה
זְמַן חֵרוּתֵנוּ בְּאַהֲבָה מִקְרָא קֹדֶשׁ זֵכֶר לִיצִיאַת מִצְרָיִם:
כִּי בָנוּ בָחַרְתָּ וְאוֹתָנוּ קִדַּשְׁתָּ מִכָּל־הָעַמִּים
וּמוֹעֲדֵי קָדְשֶׁךָ בְּאַהֲבָה וּבְרָצוֹן בְּשִׂמְחָה וּבְשָׂשׂוֹן הִנְחַלְתָּנוּ:

בָּרוּךְ אַתָּה ה׳ מְקַדֵּשׁ יִשְׂרָאֵל וְהַזְּמַנִּים:

בָּרוּךְ אַתָּה ה׳ אֱלֹקֵינוּ מֶלֶךְ הָעוֹלָם שֶׁהֶחֱיָנוּ וְקִיְּמָנוּ וְהִגִּיעָנוּ לַזְּמַן הַזֶּה:

We sit down and drink our wine. Make sure to lean to the left side. Try to drink all of the wine at one time.

The cups are rinsed and refilled for each person.

וּרְחַץ

Urhatz - Washing Hands Before Dipping

We wash our hands as if we were going to eat bread, but we are not going to. Instead, we are going to dip a vegetable into salt water. It is best not to talk after one washes, but if someone did, he does not have to wash again.

Whenever we dip a food into a liquid, we wash our hands for נְטִילַת יָדַיִם- without a בְּרָכָה.

A food can become טָמֵא when it becomes wet with one of seven liquids: Wine, blood, oil, milk, dew, honey and water. Since the celery can become טָמֵא as we dip it in the salt water, we wash our hands so we do not make the food טָמֵא.

כַּרְפַּס

Karpas - The Dipping of a Vegetable Into Salt Water

We take a small piece of celery (a little less than an inch long-if it's too big, we may have to say בּוֹרֵא נְפָשׁוֹת) and dip it into the salt water that is on the table. We say the בְּרָכָה of בּוֹרֵא פְּרִי הָאֲדָמָה and we eat it.

It is important to keep in mind that this בְּרָכָה will also include the מָרוֹר. We do not lean while eating the כַּרְפַּס. The salty taste reminds us of the tears we cried in מִצְרַיִם.

בָּרוּךְ אַתָּה ה׳ אֱלֹקֵינוּ מֶלֶךְ הָעוֹלָם בּוֹרֵא פְּרִי הָאֲדָמָה:

יַחַץ

Yahatz - Dividing the Middle Matzah

Take the middle of the 3 מַצוֹת and break it (without a knife) into this shape:

1-is the shape of the letter "ו" and should be bigger
2-is the shape of the letter "ד"

The smaller piece is put back in between the two whole מַצוֹת. The bigger piece is wrapped in a napkin for the אֲפִיקוֹמָן.

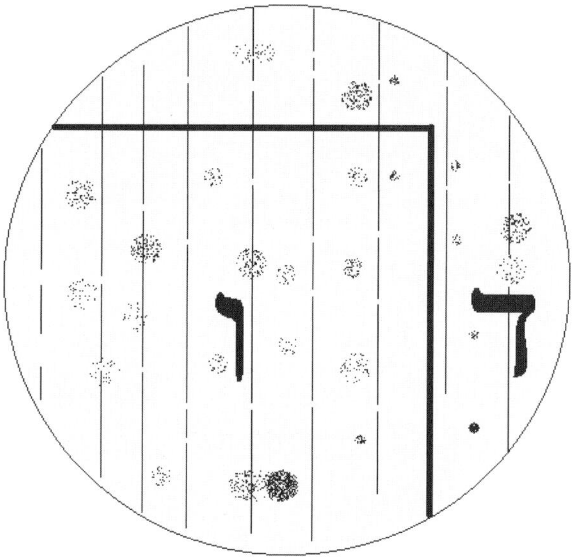

מַגִּיד

Magid - Saying the הַגָּדָה

The main part of the night of the סֵדֶר is telling over the story of how we left מִצְרַיִם and the special things that ה' did for us.

We begin by discussing how ה' chose us to be His special nation because of אַבְרָהָם אָבִינוּ, and how He promised to keep us as His nation forever.

We end off the מִצְוָה of מַגִּיד by saying הַלֵּל to thank ה'.

After כַּרְפַּס and יַחַץ, we have a special מִנְהָג. The head of the house takes the אֲפִיקוֹמָן, holds it in his right hand and puts it over his left shoulder. He then says:

מִשְׁאֲרֹתָם צְרֻרֹת בְּשִׂמְלֹתָם עַל שִׁכְמָם וּבְנֵי־יִשְׂרָאֵל עָשׂוּ כִּדְבַר מֹשֶׁה:

Everyone else does the same. This wrapped מַצָּה is set aside for later use as the אֲפִיקוֹמָן.

Pick up or point to the broken מַצָּה and say:

כְּהָא לַחְמָא עַנְיָא דִּי אֲכָלוּ אַבְהָתָנָא בְּאַרְעָא דְמִצְרָיִם. כָּל־דִּכְפִין יֵיתֵי וְיֵכוֹל כָּל־דִּצְרִיךְ יֵיתֵי וְיִפְסַח. הָשַׁתָּא הָכָא לְשָׁנָה הַבָּאָה בְּאַרְעָא דְיִשְׂרָאֵל. הָשַׁתָּא הָכָא עַבְדֵי לְשָׁנָה הַבָּאָה בְּאַרְעָא דְיִשְׂרָאֵל בְּנֵי חוֹרִין:

The tray is removed from the table.

מַה נִּשְׁתַּנָּה הַלַּיְלָה הַזֶּה מִכָּל־הַלֵּילוֹת?

שֶׁבְּכָל־הַלֵּילוֹת אֵין אֲנַחְנוּ מַטְבִּלִין אֲפִילוּ פַּעַם אֶחָת.

וְהַלַּיְלָה הַזֶּה - שְׁתֵּי פְעָמִים:

שֶׁבְּכָל־הַלֵּילוֹת אֲנַחְנוּ אוֹכְלִין חָמֵץ וּמַצָּה.

וְהַלַּיְלָה הַזֶּה - כֻּלּוֹ מַצָּה:

שֶׁבְּכָל־הַלֵּילוֹת אֲנַחְנוּ אוֹכְלִין שְׁאָר יְרָקוֹת.

וְהַלַּיְלָה הַזֶּה - מָרוֹר:

שֶׁבְּכָל־הַלֵּילוֹת אֲנַחְנוּ אוֹכְלִין וְשׁוֹתִין בֵּין יוֹשְׁבִין וּבֵין מְסֻבִּין.

וְהַלַּיְלָה הַזֶּה - כֻּלָּנוּ מְסֻבִּין:

The tray is returned to the table.

עֲבָדִים הָיִינוּ לְפַרְעֹה בְּמִצְרָיִם. וַיּוֹצִיאֵנוּ ה׳ אֱלֹקֵינוּ מִשָּׁם בְּיָד חֲזָקָה וּבִזְרוֹעַ נְטוּיָה וְאִלּוּ לֹא הוֹצִיא הַקָּדוֹשׁ בָּרוּךְ הוּא אֶת־אֲבוֹתֵינוּ מִמִּצְרַיִם עֲדַיִין אֲנַחְנוּ וּבָנֵינוּ וּבְנֵי בָנֵינוּ מְשֻׁעְבָּדִים הָיִינוּ לְפַרְעֹה בְּמִצְרָיִם. וַאֲפִילוּ כֻּלָּנוּ חֲכָמִים כֻּלָּנוּ נְבוֹנִים כֻּלָּנוּ יוֹדְעִים אֶת־הַתּוֹרָה מִצְוָה עָלֵינוּ לְסַפֵּר בִּיצִיאַת מִצְרָיִם. וְכָל־הַמַּרְבֶּה לְסַפֵּר בִּיצִיאַת מִצְרַיִם הֲרֵי זֶה מְשֻׁבָּח:

מַעֲשֶׂה בְּרַבִּי אֱלִיעֶזֶר וְרַבִּי יְהוֹשֻׁעַ וְרַבִּי אֶלְעָזָר בֶּן־עֲזַרְיָה וְרַבִּי עֲקִיבָא וְרַבִּי טַרְפוֹן שֶׁהָיוּ מְסֻבִּין בִּבְנֵי־בְרַק וְהָיוּ מְסַפְּרִים בִּיצִיאַת מִצְרַיִם כָּל־אוֹתוֹ הַלַּיְלָה עַד שֶׁבָּאוּ תַלְמִידֵיהֶם וְאָמְרוּ לָהֶם: רַבּוֹתֵינוּ הִגִּיעַ זְמַן קְרִיאַת שְׁמַע שֶׁל שַׁחֲרִית:

אָמַר רַבִּי אֶלְעָזָר בֶּן־עֲזַרְיָה. הֲרֵי אֲנִי כְּבֶן שִׁבְעִים שָׁנָה וְלֹא זָכִיתִי שֶׁתֵּאָמֵר יְצִיאַת מִצְרַיִם בַּלֵּילוֹת עַד שֶׁדְּרָשָׁהּ בֶּן זוֹמָא. שֶׁנֶּאֱמַר: לְמַעַן תִּזְכֹּר אֶת יוֹם־צֵאתְךָ מֵאֶרֶץ מִצְרַיִם כֹּל יְמֵי חַיֶּיךָ: יְמֵי חַיֶּיךָ הַיָּמִים כֹּל יְמֵי חַיֶּיךָ הַלֵּילוֹת. וַחֲכָמִים אוֹמְרִים: יְמֵי חַיֶּיךָ הָעוֹלָם הַזֶּה. כֹּל יְמֵי חַיֶּיךָ לְהָבִיא לִימוֹת הַמָּשִׁיחַ:

מִשְׁאֲרֹתָם

Why do we have this מִנְהָג of holding the אֲפִיקוֹמָן over our shoulder and making believe that we left מִצְרַיִם?

We have a מִצְוָה to show as if we ourselves came out of Egypt. We do this by acting like our fathers did when they were newly freed. They carried their מַצָּה and מָרוֹר in bundles over their shoulders.

כְּהָא לַחְמָא עַנְיָא

What language is הָא לַחְמָא עַנְיָא in?

Aramaic - אֲרָמִית

Why was it written in that language?

That was the language the people spoke when it was written. Since this is an invitation for people to come and join us, it must be said for people to understand.

Why do we call מַצָּה "לַחְמָה עַנְיָא"?

The word "עַנְיָא" means poor. The word poor describes many things. a) It's eaten the same way poor people eat - in small pieces. b) It's made without any yeast, oil or flavorings. c) It doesn't digest quickly - perfect for poor people who can't eat often. d) It's low and humble.

Did our fathers eat מַצָּה in Egypt?

Yes! The Egyptians fed it to us because it was quick and easy to bake and lasted in our stomachs for a long time, so they wouldn't have to feed us often!

Believe it or not, we also ate מַצָּה along with the קָרְבָּן פֶּסַח, the night before we left מִצְרַיִם!

מָה נִּשְׁתַּנָּה

Why did they take the סֵדֶר tray off of the table?

To make the children curious, so they should stay awake and ask questions.

When and what do we dip twice at the סֵדֶר?

1- כַּרְפַּס into salt water, 2- מָרוֹר into חֲרוֹסֶת

Why did we lean when we drank the wine of קַדֵּשׁ?

In the days of the מִשְׁנָה, rich people would relax and lay on couches while they ate. Tonight, every Jewish person is like a king or queen.

Why do we always lean to the left?

In our throats, the wind pipe is on the right side and the food pipe is on the left. We don't want anyone to choke, so we lean to the left so the food and drink flows to the left - to the food pipe and *away from the air pipe*.

מַעֲשֶׂה

Why did the הַגָּדָה tell us about these Rebbes?

None of the Rebbes came from families who worked in Egypt! Most were from שֵׁבֶט לֵוִי and one was the son of a גֵּר-someone who became Jewish, and they still stayed up all night!

Why did the students tell their Rebbes that it was time to say קְרִיאַת שְׁמַע and not בָּרוּךְ שֶׁאָמַר?

Even though they had spent the entire night speaking about יְצִאַת מִצְרַיִם, and discussing the laws of פֶּסַח, they would have felt bad if they had to stop. The students hinted that they would still be able to discuss יְצִיאַת מִצְרַיִם soon, at the very end of קְרִיאַת שְׁמַע. When the פָּסוּק says:

אֲנִי ה׳ אֱלֹקֵיכֶם, אֲשֶׁר הוֹצֵאתִי אֶתְכֶם מֵאֶרֶץ מִצְרַיִם לִהְיוֹת לָכֶם לֵאלֹקִים אֲנִי ה׳ אֱלֹקֵיכֶם:

"I AM HASHEM YOUR G-D THAT TOOK YOU OUT OF THE LAND OF EGYPT TO BE FOR YOU AS A G-D. I AM HASHEM YOUR G-D."

בָּרוּךְ הַמָּקוֹם. בָּרוּךְ הוּא. בָּרוּךְ שֶׁנָּתַן תּוֹרָה לְעַמּוֹ יִשְׂרָאֵל. בָּרוּךְ הוּא. כְּנֶגֶד אַרְבָּעָה בָנִים דִּבְּרָה תוֹרָה. אֶחָד חָכָם וְאֶחָד רָשָׁע וְאֶחָד תָּם וְאֶחָד שֶׁאֵינוֹ יוֹדֵעַ לִשְׁאֹל:

חָכָם מַה הוּא אוֹמֵר? מָה הָעֵדֹת וְהַחֻקִּים וְהַמִּשְׁפָּטִים אֲשֶׁר צִוָּה ה׳ אֱלֹקֵינוּ אֶתְכֶם? אַף אַתָּה אֱמָר לוֹ כְּהִלְכוֹת הַפֶּסַח: אֵין מַפְטִירִין אַחַר הַפֶּסַח אֲפִיקוֹמָן:

רָשָׁע מַה הוּא אוֹמֵר? מָה הָעֲבֹדָה הַזֹּאת לָכֶם? לָכֶם וְלֹא לוֹ. וּלְפִי שֶׁהוֹצִיא אֶת־עַצְמוֹ מִן הַכְּלָל כָּפַר בָּעִקָּר. אַף אַתָּה הַקְהֵה אֶת־שִׁנָּיו וֶאֱמֹר לוֹ: בַּעֲבוּר זֶה עָשָׂה ה׳ לִי בְּצֵאתִי מִמִּצְרָיִם: לִי וְלֹא לוֹ. וְאִלּוּ הָיָה שָׁם לֹא הָיָה נִגְאָל:

תָּם מַה הוּא אוֹמֵר? מַה־זֹּאת? וְאָמַרְתָּ אֵלָיו: בְּחֹזֶק יָד הוֹצִיאָנוּ ה׳ מִמִּצְרַיִם מִבֵּית עֲבָדִים:

וְשֶׁאֵינוֹ יוֹדֵעַ לִשְׁאֹל אַתְּ פְּתַח לוֹ. שֶׁנֶּאֱמַר: וְהִגַּדְתָּ לְבִנְךָ בַּיּוֹם הַהוּא לֵאמֹר בַּעֲבוּר זֶה עָשָׂה ה׳ לִי בְּצֵאתִי מִמִּצְרָיִם:

וְהִגַּדְתָּ לְבִנְךָ: יָכוֹל מֵרֹאשׁ חֹדֶשׁ. תַּלְמוּד לוֹמַר בַּיּוֹם הַהוּא: אִי בַּיּוֹם הַהוּא יָכוֹל מִבְּעוֹד יוֹם. תַּלְמוּד לוֹמַר. בַּעֲבוּר זֶה: בַּעֲבוּר זֶה לֹא אָמַרְתִּי אֶלָּא בְּשָׁעָה שֶׁמַּצָּה וּמָרוֹר מֻנָּחִים לְפָנֶיךָ:

מִתְּחִלָּה עוֹבְדֵי עֲבוֹדָה זָרָה הָיוּ אֲבוֹתֵינוּ וְעַכְשָׁו קֵרְבָנוּ הַמָּקוֹם לַעֲבוֹדָתוֹ. שֶׁנֶּאֱמַר: וַיֹּאמֶר יְהוֹשֻׁעַ אֶל־כָּל־הָעָם. כֹּה־אָמַר ה׳ אֱלֹקֵי יִשְׂרָאֵל בְּעֵבֶר הַנָּהָר יָשְׁבוּ אֲבוֹתֵיכֶם מֵעוֹלָם תֶּרַח אֲבִי אַבְרָהָם וַאֲבִי נָחוֹר וַיַּעַבְדוּ אֱלֹהִים אֲחֵרִים: וָאֶקַּח אֶת־אֲבִיכֶם אֶת־אַבְרָהָם מֵעֵבֶר הַנָּהָר וָאוֹלֵךְ אוֹתוֹ בְּכָל־אֶרֶץ כְּנָעַן וָאַרְבֶּה אֶת־זַרְעוֹ וָאֶתֶּן־לוֹ אֶת־יִצְחָק: וָאֶתֵּן לְיִצְחָק אֶת־יַעֲקֹב וְאֶת־עֵשָׂו וָאֶתֵּן לְעֵשָׂו אֶת־הַר שֵׂעִיר לָרֶשֶׁת אוֹתוֹ וְיַעֲקֹב וּבָנָיו יָרְדוּ מִצְרָיִם:

בָּרוּךְ שׁוֹמֵר הַבְטָחָתוֹ לְיִשְׂרָאֵל. בָּרוּךְ הוּא. שֶׁהַקָּדוֹשׁ בָּרוּךְ הוּא חִשַּׁב אֶת־הַקֵּץ לַעֲשׂוֹת כְּמוֹ שֶׁאָמַר לְאַבְרָהָם אָבִינוּ בִּבְרִית בֵּין הַבְּתָרִים, שֶׁנֶּאֱמַר: וַיֹּאמֶר לְאַבְרָם יָדֹעַ תֵּדַע כִּי־גֵר יִהְיֶה זַרְעֲךָ בְּאֶרֶץ לֹא לָהֶם וַעֲבָדוּם וְעִנּוּ אֹתָם אַרְבַּע מֵאוֹת שָׁנָה: וְגַם אֶת־הַגּוֹי אֲשֶׁר יַעֲבֹדוּ דָּן אָנֹכִי וְאַחֲרֵי־כֵן יֵצְאוּ בִּרְכֻשׁ גָּדוֹל:

בָּרוּךְ הַמָּקוֹם

The תּוֹרָה uses four different פְּסוּקִים to tell us that a person must teach his children about יְצִאַת מִצְרַיִם. Each time, the words are a little different because not every person is the same. When something unusual happens:

Some people ask questions in order to learn what's going on- this is a חָכָם.
Some ask questions to start a fight - this is the רָשָׁע.
Some are curious - if they like the answer, they'll listen - this is the תָּם.
Some people don't ask - they just follow what everybody else is doing. This is the שֶׁאֵינוֹ יוֹדֵעַ לִשְׁאַל.

בָּרוּךְ הַמָּקוֹם

Two of the sons ask the same question! Both the חָכָם and רָשָׁע ask: 'What are you doing?' Why is one called a חָכָם and one a רָשָׁע?

If you look carefully, the חָכָם asks about different types of things we do עֵדֹת, חֻקִּים and מִשְׁפָּטִים. He's interested, he's asking to learn. The רָשָׁע doesn't bother! He just asks - "What kind of עֲבוֹדָה-work are you doing." To him, it's work, something he'd rather not do.

What's the difference between עֵדֹת, חֻקִּים and מִשְׁפָּטִים that the חָכָם is asking about?

עֵדֹת - are things that remind us of things that happened. חֻקִּים - are things we do because ה' said so, without any other reason. מִשְׁפָּטִים - are laws whose reason is obvious.

וְהִגַּדְתָּ לְבִנְךָ

We learn from the words in the פָּסוּק: "בַּעֲבוּר זֶה" that we must teach our children about יְצִיאַת מִצְרַיִם at the סֵדֶר. How do we know this?

"בַּעֲבוּר זֶה" means "Because of this", but it can also mean "Because of זֶה". זֶה equals 12 (ז=7, ה=5. 7+5=12), and here are 12 special things at the סֵדֶר: 4 cups of wine (1-4), חֲרוֹסֶת (5), כַּרְפַּס (6), two hand washings (7,8), the בְּרָכָה of הַמּוֹצִיא (9), the בְּרָכָה of עַל אֲכִילַת מַצָּה (10), מָרוֹר (11) and the כּוֹרֵךְ sandwich (12).

בָּרוּךְ שׁוֹמֵר הַבְטָחָתוֹ לְיִשְׂרָאֵל

What are we thanking ה' for?

1-For keeping his promise to אַבְרָהָם אָבִינוּ to make him a nation and give him אֶרֶץ יִשְׂרָאֵל.
2- For keeping his promise to take us out of slavery with riches. ה' even took us out 190 years early!

Why did we have to be slaves in מִצְרַיִם at all?

Our חֲכָמִים explain it by comparing the בְּנֵי יִשְׂרָאֵל to metal. When metal comes straight from the ground, it cannot be used; first, it must be heated to become red hot. This burns out the dirt and makes the metal even stronger - so it can be used. Our being in Egypt was like our being heated. It cleared out the evil in the nation and made us stronger and ready to be used by ה' to receive the תּוֹרָה.

ה' had promised to אַבְרָהָם that we would be slaves, so why did ה' punish the מִצְרִיִּים?

Even though we had to be enslaved, as ה' promised to אַבְרָהָם, no one told the Egyptians to be the 'bad guys'! Not only that, but they made us work so hard and suffer, we did 400 years worth of work in just 210! The Egyptians were punished for making us work so much harder than we had to!

Cover the מַצָּה and raise the cups of wine.

הִיא שֶׁעָמְדָה לַאֲבוֹתֵינוּ וְלָנוּ. שֶׁלֹּא אֶחָד בִּלְבָד עָמַד עָלֵינוּ לְכַלּוֹתֵנוּ. אֶלָּא שֶׁבְּכָל־דּוֹר וָדוֹר עוֹמְדִים עָלֵינוּ לְכַלּוֹתֵנוּ. וְהַקָּדוֹשׁ בָּרוּךְ הוּא מַצִּילֵנוּ מִיָּדָם:

Put the cups of wine down and uncover the מַצָּה.

צֵא וּלְמַד, מַה בִּקֵּשׁ לָבָן הָאֲרַמִּי לַעֲשׂוֹת לְיַעֲקֹב אָבִינוּ. שֶׁפַּרְעֹה לֹא גָזַר אֶלָּא עַל הַזְּכָרִים, וְלָבָן בִּקֵּשׁ לַעֲקֹר אֶת־הַכֹּל, שֶׁנֶּאֱמַר:

אֲרַמִּי אֹבֵד אָבִי וַיֵּרֶד מִצְרַיְמָה וַיָּגָר שָׁם בִּמְתֵי מְעָט וַיְהִי־שָׁם לְגוֹי גָּדוֹל עָצוּם וָרָב:

וַיֵּרֶד מִצְרַיְמָה - אָנוּס עַל פִּי הַדִּבּוּר.

וַיָּגָר שָׁם - מְלַמֵּד שֶׁלֹּא יָרַד יַעֲקֹב אָבִינוּ לְהִשְׁתַּקֵּעַ בְּמִצְרַיִם, אֶלָּא לָגוּר שָׁם, שֶׁנֶּאֱמַר: וַיֹּאמְרוּ אֶל־פַּרְעֹה לָגוּר בָּאָרֶץ בָּאנוּ כִּי־אֵין מִרְעֶה לַצֹּאן אֲשֶׁר לַעֲבָדֶיךָ כִּי־כָבֵד הָרָעָב בְּאֶרֶץ כְּנָעַן וְעַתָּה יֵשְׁבוּ־נָא עֲבָדֶיךָ בְּאֶרֶץ גֹּשֶׁן:

בִּמְתֵי מְעָט - כְּמוֹ שֶׁנֶּאֱמַר: בְּשִׁבְעִים נֶפֶשׁ יָרְדוּ אֲבֹתֶיךָ מִצְרָיְמָה וְעַתָּה שָׂמְךָ ה' אֱלֹקֶיךָ כְּכוֹכְבֵי הַשָּׁמַיִם לָרֹב:

וַיְהִי־שָׁם לְגוֹי גָּדוֹל - מְלַמֵּד שֶׁהָיוּ יִשְׂרָאֵל מְצֻיָּנִים שָׁם:

לְגוֹי גָּדוֹל וְעָצוּם - כְּמוֹ שֶׁנֶּאֱמַר: וּבְנֵי יִשְׂרָאֵל פָּרוּ וַיִּשְׁרְצוּ וַיִּרְבּוּ וַיַּעַצְמוּ בִּמְאֹד מְאֹד וַתִּמָּלֵא הָאָרֶץ אֹתָם:

וָרָב - כְּמוֹ שֶׁנֶּאֱמַר: רְבָבָה כְּצֶמַח הַשָּׂדֶה נְתַתִּיךְ וַתִּרְבִּי וַתִּגְדְּלִי וַתָּבֹאִי בַּעֲדִי עֲדָיִים: שָׁדַיִם נָכֹנוּ וּשְׂעָרֵךְ צִמֵּחַ וְאַתְּ עֵרֹם וְעֶרְיָה: וָאֶעֱבֹר עָלַיִךְ וָאֶרְאֵךְ מִתְבּוֹסֶסֶת בְּדָמָיִךְ וָאֹמַר לָךְ בְּדָמַיִךְ חֲיִי וָאֹמַר לָךְ בְּדָמַיִךְ חֲיִי:

וַיָּרֵעוּ אֹתָנוּ הַמִּצְרִים וַיְעַנּוּנוּ וַיִּתְּנוּ עָלֵינוּ עֲבֹדָה קָשָׁה:

וַיָּרֵעוּ אֹתָנוּ הַמִּצְרִים - כְּמוֹ שֶׁנֶּאֱמַר: הָבָה נִתְחַכְּמָה לוֹ פֶּן־יִרְבֶּה וְהָיָה כִּי־תִקְרֶאנָה מִלְחָמָה וְנוֹסַף גַּם־הוּא עַל־שֹׂנְאֵינוּ וְנִלְחַם־בָּנוּ וְעָלָה מִן־הָאָרֶץ:

הִיא שֶׁעָמְדָה

The הַגָּדָה tells us that in every generation, people rise up against us to wipe us out, but ה' saves us. Even today?

Yes! ה' protects us so well, sometimes we don't even realize that we are in danger!

אֲרַמִּי אֹבֵד אָבִי

Why does it just say אֲרַמִּי 'a man from אֲרָם' - the תּוֹרָה usually calls him "לָבָן הָאֲרַמִּי"?

The הַגָּדָה is telling us that it wasn't לָבָן alone who wanted to destroy יַעֲקֹב - it was everyone in the entire city! Each and every אֲרַמִּי helped לָבָן trick us and wanted to destroy us!

Did לָבָן destroy our father? The word אֹבֵד means 'destroyed'!

לָבָן had chased after יַעֲקֹב and planned to kill him and his children - the שְׁבָטִים. His plan was even worse than פַּרְעֹה's! פַּרְעֹה killed the boys, לָבָן wanted to destroy us all - boys and girls!

When a Jewish person plans to do an מִצְוָה, he gets rewarded as if he did it - even if he wasn't able to. When a גוֹי (like לָבָן) plans to do an evil thing, he gets punished as if he did it - even if he wasn't able to.

Why don't we talk about עֵשָׂו or עֲמָלֵק tonight, just לָבָן and the מִצְרִים?

עֵשָׂו wanted to get revenge on us and עֲמָלֵק is still at war with us - we haven't been saved yet, but לָבָן and the מִצְרִיִּים hated us for no reason. Since לָבָן and the מִצְרִים, both, had no reason to hate us, we speak about both of them together.

לְגוֹי

Usually, people mix with the people that they are staying with. What did we do in מִצְרַיִם that kept us a separate nation?

1-We didn't copy the Egyptian style of clothing. 2-We gave our children Jewish names. 3-We continued to speak our very-own, קָדוֹשׁ, special language. We also lived in a separate area - אֶרֶץ גּוֹשֶׁן.

גָּדוֹל וְעָצוּם

What are the words גָּדוֹל וְעָצוּם referring to?

גָּדוֹל means 'great' and here it's talking about how many people we became. It was very common for the Jewish women to have six babies at a time!

וְעָצוּם means 'and powerful' talking about how strong we were. Usually, when many children are born at once, they are small and weak, but *these* children were all strong and healthy!

In fact, the more work the מִצְרִיִּים gave us to do, the more children we had!

וָרָב

How did we go from the 70 people who came down to Egypt to the millions who came out?

ה' made a נֵס. The Jewish women used to give birth outside of the city in the fields, leaving their newborn babies. After the women left, ה' would send מַלְאָכִים to take care of these children, who grew to be big and strong without anyone taking care of them - just like grass, which grows bigger and bigger and produces more and more plants without anyone taking care of it! In fact, the more work the people did, the more children each family would have! This is one of the reasons that לֵוִי was the smallest of the שְׁבָטִים - since they never went to work as slaves, they didn't get that special בְּרָכָה!

וַיְעַנּוּנוּ - כְּמוֹ שֶׁנֶּאֱמַר: וַיָּשִׂימוּ עָלָיו שָׂרֵי מִסִּים לְמַעַן עַנֹּתוֹ בְּסִבְלֹתָם: וַיִּבֶן עָרֵי מִסְכְּנוֹת לְפַרְעֹה, אֶת־פִּתֹם וְאֶת־רַעַמְסֵס:

וַיִּתְּנוּ עָלֵינוּ עֲבֹדָה קָשָׁה - כְּמוֹ שֶׁנֶּאֱמַר: וַיַּעֲבִדוּ מִצְרַיִם אֶת־בְּנֵי יִשְׂרָאֵל בְּפָרֶךְ:

וַנִּצְעַק אֶל־ה׳ אֱלֹקֵי אֲבֹתֵינוּ וַיִּשְׁמַע ה׳ אֶת־קֹלֵנוּ וַיַּרְא אֶת־עָנְיֵנוּ וְאֶת־עֲמָלֵנוּ וְאֶת לַחֲצֵנוּ:

וַנִּצְעַק אֶל־ה׳ אֱלֹקֵי אֲבֹתֵינוּ - כְּמוֹ שֶׁנֶּאֱמַר: וַיְהִי בַיָּמִים הָרַבִּים הָהֵם וַיָּמָת מֶלֶךְ מִצְרַיִם וַיֵּאָנְחוּ בְנֵי־יִשְׂרָאֵל מִן־הָעֲבֹדָה וַיִּזְעָקוּ: וַתַּעַל שַׁוְעָתָם אֶל־הָאֱלֹקִים מִן־הָעֲבֹדָה:

וַיִּשְׁמַע ה׳ אֶת־קֹלֵנוּ - כְּמוֹ שֶׁנֶּאֱמַר: וַיִּשְׁמַע אֱלֹקִים אֶת־נַאֲקָתָם וַיִּזְכֹּר אֱלֹקִים אֶת־בְּרִיתוֹ אֶת־אַבְרָהָם אֶת־יִצְחָק וְאֶת יַעֲקֹב:

וַיַּרְא אֶת־עָנְיֵנוּ - זוֹ פְּרִישׁוּת דֶּרֶךְ אֶרֶץ. כְּמוֹ שֶׁנֶּאֱמַר: וַיַּרְא אֱלֹקִים אֶת־בְּנֵי יִשְׂרָאֵל וַיֵּדַע אֱלֹקִים:

וְאֶת־עֲמָלֵנוּ - אֵלּוּ הַבָּנִים. כְּמוֹ שֶׁנֶּאֱמַר: וַיְצַו פַּרְעֹה לְכָל־עַמּוֹ לֵאמֹר כָּל־הַבֵּן הַיִּלּוֹד הַיְאֹרָה תַּשְׁלִיכֻהוּ וְכָל־הַבַּת תְּחַיּוּן:

וְאֶת לַחֲצֵנוּ - זֶה הַדְּחַק. כְּמוֹ שֶׁנֶּאֱמַר: וְגַם־רָאִיתִי אֶת־הַלַּחַץ אֲשֶׁר מִצְרַיִם לֹחֲצִים אֹתָם:

וַיּוֹצִאֵנוּ ה׳ מִמִּצְרַיִם בְּיָד חֲזָקָה וּבִזְרֹעַ נְטוּיָה וּבְמֹרָא גָּדֹל וּבְאֹתוֹת וּבְמֹופְתִים:

וַיּוֹצִאֵנוּ ה׳ מִמִּצְרַיִם. לֹא עַל־יְדֵי מַלְאָךְ וְלֹא עַל־יְדֵי שָׂרָף וְלֹא עַל־יְדֵי שָׁלִיחַ. אֶלָּא הַקָּדוֹשׁ בָּרוּךְ הוּא בִּכְבוֹדוֹ וּבְעַצְמוֹ שֶׁנֶּאֱמַר:

וְעָבַרְתִּי בְאֶרֶץ־מִצְרַיִם בַּלַּיְלָה הַזֶּה וְהִכֵּיתִי כָל־בְּכוֹר בְּאֶרֶץ מִצְרַיִם מֵאָדָם וְעַד־בְּהֵמָה וּבְכָל־אֱלֹהֵי מִצְרַיִם אֶעֱשֶׂה שְׁפָטִים אֲנִי ה׳:

וַיְעַנּוּנוּ

Why do we mention the cities of פִּתֹם and רַעַמְסֵס?

When we built these cities, we were forced to build them on soft, sandy ground. As soon as we finished building a house, it would collapse, and we would have to start all over again! Watching our work become ruined day after day was part of our suffering. No one wants to work hard for nothing!

The פָּסוּק tells us that we worked "בְּפָרֶךְ". What does that mean?

פֶּרֶךְ means very hard work. It also hints to us how we became slaves. פֶּרֶךְ is similar to "פֶּה רַךְ" which means 'soft speech'. At first, the Egyptians got us to work by convincing us with nice words. For a while, פַּרְעֹה even paid us! Once we began working, though, we were not permitted to stop!

וַנִּצְעַק אֶל-ה' אֱלֹקֵי אֲבֹתֵינוּ

The הַגָּדָה now tells us that when the King of Egypt died, we cried out to ה', the G-d of our fathers. Why were we crying?

We cried out to ה' because of the tremendous pain and suffering we were going through.
ה' accepted these cries as תְּפִילָה.

Why did we wait until then to cry?

The evil מִצְרִיִּים did not let us complain or cry out, no matter how bad we felt! When the King died, all the מִצְרִיִּים cried out and mourned. While the מִצְרִיִּים cried for their king, we cried, too. *They* were crying for their king, but *we* were crying because of our slavery!

Is there another answer?

Sure! Some חֲכָמִים tell us that פַּרְעֹה really didn't die. Instead, he caught צָרַעַת (someone with צָרַעַת is considered to be dead). His doctors told him to take a bath each day in Jewish children's blood. This evil new law is what made us cry at this time.

וַיּוֹצִאֵנוּ ה' מִמִּצְרַיִם בְּיָד חֲזָקָה וּבִזְרֹעַ נְטוּיָה וּבְמֹרָא גָּדֹל וּבְאֹתוֹת וּבְמוֹפְתִים:

The פָּסוּק tells us that ה' took us out of מִצְרַיִם with five things. What are these things and what do they mean?

בְּיָד חֲזָקָה - Strong Hand - This was the דֶּבֶר-animal sickness.
וּבִזְרֹעַ נְטוּיָה - Outstretched Arm - This was the sword that killed the Egyptian firstborn.
וּבְמֹרָא גָּדוֹל - Great Fear - This was the שְׁכִינָה that ה' showed as he did the powerful נִסִּים.
וּבְאֹתוֹת - Signs - This was מֹשֶׁה רַבֵּינוּ's stick that he used to perform the מַכּוֹת.
וּבְמוֹפְתִים - Wondrous Miracles - This was the blood that was the first מַכָּה.

וַיּוֹצִאֵנוּ ה' מִמִּצְרַיִם

At מַכַּת בְּכוֹרוֹת, why did ה' punish the מִצְרִיִּים Himself, why didn't ה' send a מַלְאָךְ?

Since some of the מִצְרִיִּים men had married many wives, a מַלְאָךְ wouldn't be able to be sure exactly which children were firstborn - that's something that only ה' would know.
Also, once a מַלְאָךְ is sent to destroy, he destroys everything, and the בְּנֵי יִשְׂרָאֵל had to be saved!

וְעָבַרְתִּי בְאֶרֶץ־מִצְרַיִם - אֲנִי וְלֹא מַלְאָךְ.
וְהִכֵּיתִי כָל־בְּכוֹר - אֲנִי וְלֹא שָׂרָף.
וּבְכָל־אֱלֹהֵי מִצְרַיִם אֶעֱשֶׂה שְׁפָטִים - אֲנִי וְלֹא שָׁלִיחַ.
אֲנִי ה׳ - אֲנִי הוּא וְלֹא אַחֵר:

בְּיָד חֲזָקָה - זוֹ הַדֶּבֶר כְּמוֹ שֶׁנֶּאֱמַר: הִנֵּה יַד־ה׳ הוֹיָה, בְּמִקְנְךָ אֲשֶׁר בַּשָּׂדֶה בַּסּוּסִים בַּחֲמֹרִים בַּגְּמַלִּים בַּבָּקָר וּבַצֹּאן דֶּבֶר כָּבֵד מְאֹד:

וּבִזְרֹעַ נְטוּיָה - זוֹ הַחֶרֶב. כְּמוֹ שֶׁנֶּאֱמַר: וְחַרְבּוֹ שְׁלוּפָה בְּיָדוֹ נְטוּיָה עַל־יְרוּשָׁלָיִם:

וּבְמוֹרָא גָּדֹל - זֶה גִּלּוּי שְׁכִינָה. כְּמוֹ שֶׁנֶּאֱמַר: אוֹ הֲנִסָּה אֱלֹקִים לָבוֹא לָקַחַת לוֹ גוֹי מִקֶּרֶב גּוֹי בְּמַסֹּת בְּאֹתֹת וּבְמוֹפְתִים וּבְמִלְחָמָה וּבְיָד חֲזָקָה וּבִזְרוֹעַ נְטוּיָה וּבְמוֹרָאִים גְּדֹלִים. כְּכֹל אֲשֶׁר־עָשָׂה לָכֶם ה׳ אֱלֹקֵיכֶם בְּמִצְרַיִם לְעֵינֶיךָ:

וּבְאֹתוֹת - זֶה הַמַּטֶּה כְּמוֹ שֶׁנֶּאֱמַר: וְאֶת־הַמַּטֶּה הַזֶּה תִּקַּח בְּיָדֶךָ אֲשֶׁר תַּעֲשֶׂה־בּוֹ אֶת־הָאֹתֹת:

The head of the house should have a special cup of wine filled up. He will pour a little bit out 16 times:
As he says: דָּם. וָאֵשׁ. וְתִימְרוֹת עָשָׁן - 3 times.
One time as he mentions each of the 10 מַכּוֹת.
And three times as he says: דְּצַ״ךְ עֲדַ״שׁ בְּאַחַ״ב

וּבְמֹפְתִים - זֶה הַדָּם. כְּמוֹ שֶׁנֶּאֱמַר: וְנָתַתִּי מוֹפְתִים, בַּשָּׁמַיִם וּבָאָרֶץ:

דָּם. וָאֵשׁ. וְתִימְרוֹת עָשָׁן:

דָּבָר אַחֵר - בְּיָד חֲזָקָה שְׁתַּיִם. וּבִזְרֹעַ נְטוּיָה שְׁתַּיִם. וּבְמוֹרָא גָּדֹל שְׁתַּיִם. וּבְאֹתוֹת שְׁתַּיִם. וּבְמֹפְתִים שְׁתַּיִם:

אֵלּוּ עֶשֶׂר מַכּוֹת שֶׁהֵבִיא הַקָּדוֹשׁ בָּרוּךְ הוּא עַל־הַמִּצְרִיִּים בְּמִצְרַיִם וְאֵלּוּ הֵן:

דָּם - צְפַרְדֵּעַ - כִּנִּים - עָרוֹב - דֶּבֶר - שְׁחִין - בָּרָד - אַרְבֶּה - חֹשֶׁךְ - מַכַּת בְּכוֹרוֹת:

רַבִּי יְהוּדָה הָיָה נוֹתֵן בָּהֶם סִמָּנִים:

דְּצַ״ךְ עֲדַ״שׁ בְּאַחַ״ב:

The wine that had been poured out is removed from the table and the cup`of wine refilled.

דָּם. וָאֵשׁ. וְתִימְרוֹת עָשָׁן:

Why do we pour out some wine each time we mention the punishments that ה׳ sent the מִצְרַיִים?

A Jewish person is not allowed to celebrate when his evil enemies are ruined. We learn this from a מִדְרָשׁ: The בְּנֵי יִשְׂרָאֵל had finished crossing the יָם סוּף and the Egyptians were being drowned early in the morning - at the same time of day that the מַלְאָכִים sing to ה׳. ה׳ stopped them and asked: "The Work Of My Hands Is Drowning In The Sea, And You Want To Sing Songs?" To keep us from becoming *too* happy at the Egyptians' destruction, we pour out some wine as we mention each punishment.

דָּם

Why were the מִצְרַיִים punished with דָּם - Blood?

The Egyptians worshipped the Nile River. ה׳ turned it to blood to show how powerless it really was. אֲהַרֹן hit the River and all the water in Egypt turned to blood! This was real, sticky, urky blood, not just colored water. Every liquid, even milk or juice, became blood! All the fish in the river died and the river smelled terrible! The only way that a מִצְרִי was able to drink water was to buy it from a Jew!

צְפַרְדֵּעַ

What happened to the מִצְרִיים during the מַכָּה of צְפַרְדֵּעַ - Frogs?

אֲהַרֹן hit the River and one HUGE frog came up from the river. When the מִצְרִים hit it, six frogs shot out-and the מִצְרִים couldn't stop hitting the frogs! These frogs dug under ground to get into houses, they jumped into the food and they were even in their bodies! They croaked all day and night and drove the Egyptians crazy! When this מַכָּה was over, there were piles of smelly dead frogs all over the place!

כִּנִּים

What happened in מִצְרַיִם during the מַכָּה of כִּנִּים - Lice?

אֲהַרֹן hit the dust and all over Egypt the dust turned to lice! The Egyptians were walking on lice! These tiny, itchy bugs bit the Egyptians and made them scratch themselves until they began to bleed! There were fourteen different kinds of כִּנִּים and some of these were as big as eggs!

דָּם - צְפַרְדֵּעַ - כִּנִּים

Why did אֲהַרֹן begin the first three מַכּוֹת?

The water had saved מֹשֶׁה's life many years before when he had been put in a basket and was rescued by פַּרְעֹה 's daughter, בִּתְיָה. The sand had helped him too, after מֹשֶׁה killed the evil מִצְרִי who was beating a Jewish slave. After the מִצְרִי had been killed, מֹשֶׁה was able to hide the body in the sand. מֹשֶׁה was careful not to hurt two things that had once helped him-and these things don't even have feelings!
How much more careful should WE be, not to hurt people who DO have feelings!

עָרוֹב

After the מַכָּה of עָרוֹב - Wild Animals, the animals left! Why didn't they just die and stay to stink up מִצְרַיִם like the frogs did?

ה׳ did not want the Egyptians to use the animal skins for clothes, so the animals just went home.

דֶּבֶר

What happened during the מַכָּה of דֶּבֶר - Animal Illness?

The Egyptians' animals became sick and died. Some Egyptian people died as well, when the animals they were riding on - or standing next to - suddenly fell over and died! During this מַכָּה, none of the בְּנֵי יִשְׂרָאֵל's animals died!

רַבִּי יוֹסֵי הַגְּלִילִי אוֹמֵר: מִנַּיִן אַתָּה אוֹמֵר שֶׁלָּקוּ הַמִּצְרִיִּים בְּמִצְרַיִם עֶשֶׂר מַכּוֹת וְעַל הַיָּם לָקוּ חֲמִשִּׁים מַכּוֹת? בְּמִצְרַיִם מָה הוּא אוֹמֵר: וַיֹּאמְרוּ הַחַרְטֻמִּם אֶל־פַּרְעֹה אֶצְבַּע אֱלֹקִים הִוא: וְעַל הַיָּם מָה הוּא אוֹמֵר? וַיַּרְא יִשְׂרָאֵל אֶת־הַיָּד הַגְּדֹלָה אֲשֶׁר עָשָׂה ה׳ בְּמִצְרַיִם וַיִּירְאוּ הָעָם אֶת־ה׳ וַיַּאֲמִינוּ בַּה׳ וּבְמֹשֶׁה עַבְדּוֹ: כַּמָּה לָקוּ בְּאֶצְבַּע עֶשֶׂר מַכּוֹת: אֱמוֹר מֵעַתָּה בְּמִצְרַיִם לָקוּ עֶשֶׂר מַכּוֹת וְעַל־הַיָּם לָקוּ חֲמִשִּׁים מַכּוֹת:

רַבִּי אֱלִיעֶזֶר אוֹמֵר: מִנַּיִן שֶׁכָּל־מַכָּה וּמַכָּה שֶׁהֵבִיא הַקָּדוֹשׁ בָּרוּךְ הוּא עַל הַמִּצְרִיִּים בְּמִצְרַיִם הָיְתָה שֶׁל **אַרְבַּע** מַכּוֹת? שֶׁנֶּאֱמַר: יְשַׁלַּח־בָּם חֲרוֹן אַפּוֹ עֶבְרָה וָזַעַם וְצָרָה מִשְׁלַחַת מַלְאֲכֵי רָעִים: עֶבְרָה אַחַת וָזַעַם שְׁתַּיִם וְצָרָה שָׁלֹשׁ מִשְׁלַחַת מַלְאֲכֵי רָעִים אַרְבַּע: אֱמוֹר מֵעַתָּה בְּמִצְרַיִם לָקוּ אַרְבָּעִים מַכּוֹת וְעַל הַיָּם לָקוּ מָאתַיִם מַכּוֹת:

רַבִּי עֲקִיבָא אוֹמֵר: מִנַּיִן שֶׁכָּל־מַכָּה וּמַכָּה, שֶׁהֵבִיא הַקָּדוֹשׁ בָּרוּךְ הוּא עַל הַמִּצְרִיִּים בְּמִצְרַיִם, הָיְתָה שֶׁל **חָמֵשׁ** מַכּוֹת? שֶׁנֶּאֱמַר: יְשַׁלַּח־בָּם חֲרוֹן אַפּוֹ, עֶבְרָה וָזַעַם וְצָרָה מִשְׁלַחַת מַלְאֲכֵי רָעִים: חֲרוֹן אַפּוֹ אַחַת עֶבְרָה שְׁתַּיִם וָזַעַם שָׁלֹשׁ וְצָרָה אַרְבַּע מִשְׁלַחַת מַלְאֲכֵי רָעִים חָמֵשׁ: אֱמוֹר מֵעַתָּה בְּמִצְרַיִם לָקוּ חֲמִשִּׁים מַכּוֹת וְעַל הַיָּם לָקוּ חֲמִשִּׁים וּמָאתַיִם מַכּוֹת:

כַּמָּה מַעֲלוֹת טוֹבוֹת לַמָּקוֹם עָלֵינוּ:

אִלּוּ הוֹצִיאָנוּ מִמִּצְרַיִם
וְלֹא עָשָׂה בָהֶם שְׁפָטִים — דַּיֵּנוּ:

אִלּוּ עָשָׂה בָהֶם שְׁפָטִים
וְלֹא עָשָׂה בֵאלֹהֵיהֶם — דַּיֵּנוּ:

אִלּוּ עָשָׂה בֵאלֹהֵיהֶם
וְלֹא הָרַג בְּכוֹרֵיהֶם — דַּיֵּנוּ:

אִלּוּ הָרַג אֶת־בְּכוֹרֵיהֶם
וְלֹא נָתַן־לָנוּ אֶת־מָמוֹנָם — דַּיֵּנוּ:

אִלּוּ נָתַן־לָנוּ אֶת־מָמוֹנָם
וְלֹא קָרַע־לָנוּ אֶת־הַיָּם — דַּיֵּנוּ:

שְׁחִין

What happened during the מַכָּה of שְׁחִין - Boils?

Every person was covered by painful pimples that medicine could not help! פַּרְעֹה's magicians also got them and couldn't come to the palace! Some Egyptians were never cured of this terrible and painful sickness!

בָּרָד

What happened during the מַכָּה of בָּרָד - Hail?

Usually, hail is small pieces of ice. This time it was huge balls of ice with fire inside! When they would hit the ground they would explode and fire would shoot out in all directions! The crops caught fire and soon the מִצְרִים were in danger of starving to death!

אַרְבֶּה

What is an אַרְבֶּה locust? What did they do?

After the בָּרָד had destroyed most of the plants in מִצְרַיִם, ה' sent the אַרְבֶּה to finish eating whatever was left.
In English, an אַרְבֶּה means "locust". This is a type of grasshopper, but these were not regular locusts!
Their teeth were like strong metal! They had sharp horns like a bull's! They had claws like a lion! They had strong wings-like an eagle's! Their backs were wiggly-like snakes! These super bugs jumped on the מִצְרִיִים and attacked them. The אַרְבֶּה had a powerful poison in their mouths that would hurt any מִצְרִי that it touched! So many came that they blocked out the sun and the sky turned dark! The אַרְבֶּה ate every live plant in מִצְרַיִם - not a single one was left! These special creatures even ate up some of the Egyptians' gold jewelry!

חֹשֶׁךְ

What happened during the מַכָּה of חֹשֶׁךְ - Darkness?

The bright morning sun was blocked out for a darkness that lasted for three full days and nights! After the first three days, the darkness became heavy and the air was thick - like jelly - and the Egyptians were not able to move! During this time, two other things happened. a) All the Jewish people who would not leave Egypt died and were buried in secret. b) The Jewish slaves entered the Egyptians' homes and looked in their closets and drawers to find their treasures, but not a single thing was taken!
The Jewish people, though, had light wherever they went!

מַכַּת בְּכוֹרוֹת

What happened during מַכַּת בְּכוֹרוֹת - The Death of the Firstborn?

At exactly midnight ה' Himself came and killed every Egyptian firstborn child in the land. There wasn't a single house who didn't lose a child that night. If there was no firstborn in an Egyptian house, the oldest one there died instead. Groups of dogs ran wild, digging up dead firstborn from the cemetery and all the idols in Egypt were destroyed! Metal ones melted, wooden ones became rotten and stone idols crumbled into sand!

דְּצַ"ךְ עֲדַ"שׁ בְּאַחַ"ב:

What's so special about these three words?

These letters are the first letters of each of the מַכּוֹת, and they were carved into the stick of מֹשֶׁה רַבֵּינוּ.

Why wasn't the entire word engraved on the stick of מֹשֶׁה רַבֵּינוּ?

Since only these 10 letters were engraved on the stick, the exact מַכָּה that would be sent was unknown, since it could change according to the way the מִצְרִיִים treated us. If they treated us more harshly, the מַכָּה would be a more severe one; if they treated us nicely, the punishment would be much easier on them. Ten punishments were set aside for the Egyptians since the time ה' made the world, but it was up to them to choose through their actions - which מַכּוֹת they receive.

אִלּוּ קָרַע־לָנוּ אֶת־הַיָּם
וְלֹא הֶעֱבִירָנוּ בְתוֹכוֹ בֶחָרָבָה — דַּיֵּנוּ:

אִלּוּ הֶעֱבִירָנוּ בְתוֹכוֹ בֶחָרָבָה
וְלֹא שִׁקַּע צָרֵינוּ בְּתוֹכוֹ — דַּיֵּנוּ:

אִלּוּ שִׁקַּע צָרֵינוּ בְּתוֹכוֹ
וְלֹא סִפֵּק צָרְכֵּנוּ בַּמִּדְבָּר אַרְבָּעִים שָׁנָה — דַּיֵּנוּ:

אִלּוּ סִפֵּק צָרְכֵּנוּ בַּמִּדְבָּר אַרְבָּעִים שָׁנָה
וְלֹא הֶאֱכִילָנוּ אֶת־הַמָּן — דַּיֵּנוּ:

אִלּוּ הֶאֱכִילָנוּ אֶת־הַמָּן
וְלֹא נָתַן־לָנוּ אֶת־הַשַּׁבָּת — דַּיֵּנוּ:

אִלּוּ נָתַן־לָנוּ אֶת־הַשַּׁבָּת
וְלֹא קֵרְבָנוּ לִפְנֵי הַר סִינַי — דַּיֵּנוּ:

אִלּוּ קֵרְבָנוּ לִפְנֵי הַר סִינַי
וְלֹא נָתַן־לָנוּ אֶת־הַתּוֹרָה — דַּיֵּנוּ:

אִלּוּ נָתַן־לָנוּ אֶת־הַתּוֹרָה
וְלֹא הִכְנִיסָנוּ לְאֶרֶץ יִשְׂרָאֵל — דַּיֵּנוּ:

אִלּוּ הִכְנִיסָנוּ לְאֶרֶץ יִשְׂרָאֵל
וְלֹא־בָנָה לָנוּ אֶת־בֵּית הַמִּקְדָּשׁ — דַּיֵּנוּ:

עַל אַחַת כַּמָּה וְכַמָּה טוֹבָה כְפוּלָה וּמְכֻפֶּלֶת לַמָּקוֹם עָלֵינוּ: הוֹצִיאָנוּ מִמִּצְרַיִם עָשָׂה בָהֶם שְׁפָטִים עָשָׂה בֵאלֹהֵיהֶם הָרַג בְּכוֹרֵיהֶם נָתַן לָנוּ אֶת־מָמוֹנָם קָרַע לָנוּ אֶת־הַיָּם הֶעֱבִירָנוּ בְתוֹכוֹ בֶחָרָבָה שִׁקַּע צָרֵינוּ בְּתוֹכוֹ סִפֵּק צָרְכֵּנוּ בַּמִּדְבָּר אַרְבָּעִים שָׁנָה הֶאֱכִילָנוּ אֶת־הַמָּן נָתַן לָנוּ אֶת־הַשַּׁבָּת קֵרְבָנוּ לִפְנֵי הַר סִינַי נָתַן לָנוּ אֶת־הַתּוֹרָה הִכְנִיסָנוּ לְאֶרֶץ יִשְׂרָאֵל וּבָנָה לָנוּ אֶת־בֵּית הַבְּחִירָה לְכַפֵּר עַל־כָּל־עֲוֹנוֹתֵינוּ:

אִלּוּ קָרַע־לָנוּ אֶת־הַיָּם
וְלֹא הֶעֱבִירָנוּ בְתוֹכוֹ בֶּחָרָבָה דַּיֵּנוּ:

"If He had split the sea for us
and had not led us in it (the sea) **on dry land,**
it would have been enough for us."

Why is it so important to mention that ה' led us through, and drowned our enemies in the יַם סוּף?

ה' performed many miracles for us at the יַם סוּף: ◆ The water formed a roof over our heads to protect us from the sun! ◆ The ground was perfectly dry for the בְּנֵי יִשְׂרָאֵל to walk on! ◆ Amazing treasures-diamonds, rubies, emeralds and pearls were all around waiting to be picked up! ◆ If someone was thirsty, the water would melt into delicious, fresh drinking water! ◆ When the מִצְרִיִּים came, the hard, dry floor became hot, sticky mud! ◆ When a מִצְרִי tried to escape, a wave would follow him and smash him! ◆ Some מִצְרִיִּים tried to turn away, but ה' made the horses go even faster into the sea! ◆ After we crossed, some of the בְּנֵי יִשְׂרָאֵל were afraid that the Egyptians were going to get them, so the sea spat out all the dead and dying מִצְרִיִּים on the shore so we could see that they would never be bothering anyone again!

אִלּוּ קֵרְבָנוּ לִפְנֵי הַר סִינַי
וְלֹא נָתַן לָנוּ אֶת־הַתּוֹרָה דַּיֵּנוּ:

"If He brought us in front of הַר סִינַי,
and He did not give us the תּוֹרָה,
it would have been enough for us."

Why would just coming to הַר סִינַי without getting the תּוֹרָה be enough?

When we left מִצְרַיִם, we were at the 49th level of טוּמְאָה - the lowest possible! ה' took us out at the last possible second, one more minute and we would have been lost forever! During the 49 days it took to get to הַר סִינַי, we moved up 2 levels each day, until we were at the 49th level of קְדוּשָׁה - the highest possible! Going from the lowest to the highest, even without receiving the תּוֹרָה, is something very special that we thank ה' for!

עַל אַחַת כַּמָּה

Why do we read all fifteen things a second time?

When we read them the first time, in דַּיֵּנוּ, each one of these things is something separate, to thank ה' for. Now we look at all the things together to understand how much kindness He did for us, and how each one led to another. We can understand with a story.

There was once a man who gave his wife a present - a diamond necklace. A few weeks later, he gave her a pair of diamond earrings. After a while, he gave her a beautiful ring. Still later, he gave her a diamond bracelet. Each time she said 'thank you' and was very happy. A few months later, while getting all dressed up, she noticed that not only was each piece of jewelry beautiful by itself, but each piece was part of a set! Each piece was designed to match and enhance the others! Now, his wife was much happier - because a set of matching jewelry is much prettier and more valuable than a few separate pieces. ה' did many special things for us - each one was special, like a piece of jewelry. When we left מִצְרַיִם, we received them as presents, one at a time. Now, many years later, we can look at all of them and see how each of these 'jewels' was really part of a wonderful 'set' - perfectly matched to the ones next to it, and *that* deserves an extra 'thank you'!

רַבָּן גַּמְלִיאֵל הָיָה אוֹמֵר: כָּל־שֶׁלֹּא אָמַר שְׁלֹשָׁה דְבָרִים אֵלּוּ בַּפֶּסַח לֹא יָצָא יְדֵי חוֹבָתוֹ וְאֵלּוּ הֵן:

When saying the words 'מַצָּה' and 'מָרוֹר' pick up or point to the מַצָּה and מָרוֹר. DO NOT pick up or point to the 'זְרוֹעַ' at all!

פֶּסַח. מַצָּה . וּמָרוֹר:

פֶּסַח שֶׁהָיוּ אֲבוֹתֵינוּ אוֹכְלִים, בִּזְמַן שֶׁבֵּית הַמִּקְדָּשׁ קַיָּם עַל שׁוּם מָה? עַל שׁוּם שֶׁפָּסַח הַקָּדוֹשׁ בָּרוּךְ הוּא עַל בָּתֵּי אֲבוֹתֵינוּ בְּמִצְרַיִם שֶׁנֶּאֱמַר: וַאֲמַרְתֶּם זֶבַח־פֶּסַח הוּא לַה׳ אֲשֶׁר פָּסַח עַל־בָּתֵּי בְנֵי־יִשְׂרָאֵל בְּמִצְרַיִם בְּנָגְפּוֹ אֶת־מִצְרַיִם וְאֶת־בָּתֵּינוּ הִצִּיל וַיִּקֹּד הָעָם וַיִּשְׁתַּחֲווּ:

Pick up or point to the מַצָּה.

מַצָּה זוֹ שֶׁאָנוּ אוֹכְלִים עַל שׁוּם מָה? עַל שׁוּם שֶׁלֹּא הִסְפִּיק בְּצֵקָם שֶׁל אֲבוֹתֵינוּ לְהַחֲמִיץ עַד שֶׁנִּגְלָה עֲלֵיהֶם מֶלֶךְ מַלְכֵי הַמְּלָכִים הַקָּדוֹשׁ בָּרוּךְ הוּא וּגְאָלָם מִיַּד שֶׁנֶּאֱמַר: וַיֹּאפוּ אֶת־הַבָּצֵק אֲשֶׁר הוֹצִיאוּ מִמִּצְרַיִם עֻגֹת מַצּוֹת כִּי לֹא חָמֵץ: כִּי גֹרְשׁוּ מִמִּצְרַיִם וְלֹא יָכְלוּ לְהִתְמַהְמֵהַּ וְגַם־צֵדָה לֹא־עָשׂוּ לָהֶם:

Pick up or point to the מָרוֹר.

מָרוֹר זֶה שֶׁאָנוּ אוֹכְלִים עַל שׁוּם מָה? עַל שׁוּם שֶׁמָּרְרוּ הַמִּצְרִיִּים אֶת־חַיֵּי אֲבוֹתֵינוּ בְּמִצְרַיִם שֶׁנֶּאֱמַר: וַיְמָרְרוּ אֶת־חַיֵּיהֶם בַּעֲבֹדָה קָשָׁה בְּחֹמֶר וּבִלְבֵנִים וּבְכָל־עֲבֹדָה בַּשָּׂדֶה: אֵת כָּל־עֲבֹדָתָם אֲשֶׁר־עָבְדוּ בָהֶם בְּפָרֶךְ:

בְּכָל־דּוֹר וָדוֹר חַיָּב אָדָם לְהַרְאוֹת אֶת־עַצְמוֹ כְּאִלּוּ הוּא יָצָא מִמִּצְרָיִם שֶׁנֶּאֱמַר: וְהִגַּדְתָּ לְבִנְךָ בַּיּוֹם הַהוּא לֵאמֹר: בַּעֲבוּר זֶה עָשָׂה ה׳ לִי בְּצֵאתִי מִמִּצְרָיִם. לֹא אֶת־אֲבוֹתֵינוּ בִּלְבָד גָּאַל הַקָּדוֹשׁ בָּרוּךְ הוּא אֶלָּא אַף אוֹתָנוּ גָּאַל עִמָּהֶם, שֶׁנֶּאֱמַר: וְאוֹתָנוּ הוֹצִיא מִשָּׁם לְמַעַן הָבִיא אֹתָנוּ לָתֶת לָנוּ אֶת־הָאָרֶץ אֲשֶׁר נִשְׁבַּע לַאֲבֹתֵינוּ:

פֶּסַח. מַצָּה. וּמָרוֹר:

What does the word פֶּסַח mean?

פֶּסַח means many things. Here are three of them: a) פֶּסַח means to 'Pass Over' - ה' passed over the houses of our fathers in Egypt, but struck the houses of the מִצְרִים. b) Mercy - to feel bad for someone. ה' had mercy on us and did not destroy the Jewish firstborn children because of the blood of the קָרְבַּן פֶּסַח that had been smeared on the doorposts. c) Lame - a lame person limps as he walks. He puts a lot of his weight on one foot, and very little on the other. That's what ה' did when He killed the Egyptian firstborn; He 'put His weight on some' - killing the Egyptians and very little weight as he passed the Jewish houses, allowing the בְּנֵי יִשְׂרָאֵל to live.

Why do we eat מַצָּה tonight?

We ate מַצָּה in two ways - as working slaves and to celebrate freedom. Once פַּרְעֹה told us we were free, we didn't know when we were leaving so the ladies quickly made dough and baked it - without giving it any chance to rise! The מַצָּה tonight reminds us of our freedom!

Why do we eat מָרוֹר tonight?

The Egyptians made us work hard building cities, working in the fields, in their homes - and were mean to us too. They hurt us, killed our children and made us suffer in hundreds of ways. We eat מָרוֹר to remember how bitter our lives in מִצְרַיִם.

Shouldn't מָרוֹר come first? First we had bitter lives and then we made the קָרְבַּן פֶּסַח and ate מַצָּה!

That's right, but until we were free, we really didn't understand how bad things were! Only after the קָרְבַּן פֶּסַח and מַצָּה were we able to see the true "מָרוֹר" we lived!

It is very important that every person read and understand each of these three sections. Here is a translation in English:

פֶּסַח. - Pesah.

The קָרְבַּן פֶּסַח that our fathers ate in the time of the בֵּית הַמִּקְדָּשׁ is for what reason? It is because הַקָּדוֹשׁ בָּרוּךְ הוּא, passed over the houses of our fathers in Egypt, as it is says in the פָּסוּק:

"You Shall Say: It Is The קָרְבַּן פֶּסַח for ה', Who Passed Over The Houses Of The בְּנֵי יִשְׂרָאֵל In Egypt When He Struck The Egyptians And Saved Our Houses. The People Bowed Their Heads And Bowed Down."

מַצָּה. - Matzah.

This מַצָּה that we eat is for what? Since their dough did not have the time to rise, because the King of Kings, הַקָּדוֹשׁ בָּרוּךְ הוּא, revealed Himself to our fathers and redeemed them right away. As it it says in the פָּסוּק: **"They Baked The Dough Which They Had Brought Out Of Egypt Into Unleavened Loaves; For They Were Driven Out Of Egypt And Could Not Delay, Nor Had They Prepared Any Provisions For Their Journey."**

מָרוֹר. - Maror.

This מָרוֹר we eat is for what reason? It is because the Egyptians embittered the lives of our fathers in Egypt, as it says in the פָּסוּק: **"They Made Life Bitter For Them With Hard Labor; With Clay And With Bricks, And With All Kinds Of Labor In The Field; Whatever Work Tasks They Performed Were Backbreaking."**

בְּכָל-דּוֹר וָדוֹר

Why do we have to show off as if we ourselves came out of Egypt?

When we thank ה' for two things; first, for taking us out of slavery and *also* for choosing us as His special nation. Being chosen is a very great honor, and something to be very proud of! It's for *this* that we give *special* thanks to ה' by showing off to everyone - ה' took *us* out מִצְרַיִם!

Cover the מַצָּה and raise the cups of wine.

לְפִיכָךְ אֲנַחְנוּ חַיָּבִים לְהוֹדוֹת לְהַלֵּל לְשַׁבֵּחַ לְפָאֵר לְרוֹמֵם לְהַדֵּר וּלְקַלֵּס לְמִי שֶׁעָשָׂה לַאֲבוֹתֵינוּ וְלָנוּ אֶת־כָּל־הַנִּסִּים הָאֵלּוּ. הוֹצִיאָנוּ מֵעַבְדוּת לְחֵרוּת וּמִשִּׁעְבּוּד לִגְאֻלָּה וּמִיָּגוֹן לְשִׂמְחָה וּמֵאֵבֶל לְיוֹם טוֹב וּמֵאֲפֵלָה לְאוֹר גָּדוֹל וְנֹאמַר לְפָנָיו הַלְלוּיָ.הּ:

הַלְלוּיָ.הּ. הַלְלוּ עַבְדֵי ה׳ הַלְלוּ אֶת־שֵׁם ה׳: יְהִי שֵׁם ה׳ מְבֹרָךְ מֵעַתָּה וְעַד־עוֹלָם: מִמִּזְרַח־שֶׁמֶשׁ עַד מְבוֹאוֹ מְהֻלָּל שֵׁם ה׳: רָם עַל־כָּל־גּוֹיִם ה׳ עַל הַשָּׁמַיִם כְּבוֹדוֹ: מִי כַּה׳ אֱלֹקֵינוּ הַמַּגְבִּיהִי לָשָׁבֶת: הַמַּשְׁפִּילִי לִרְאוֹת בַּשָּׁמַיִם וּבָאָרֶץ: מְקִימִי מֵעָפָר דָּל מֵאַשְׁפֹּת יָרִים אֶבְיוֹן: לְהוֹשִׁיבִי עִם־נְדִיבִים עִם נְדִיבֵי עַמּוֹ: מוֹשִׁיבִי עֲקֶרֶת הַבַּיִת אֵם־הַבָּנִים שְׂמֵחָה הַלְלוּיָ.הּ:

בְּצֵאת יִשְׂרָאֵל מִמִּצְרָיִם בֵּית יַעֲקֹב מֵעַם לֹעֵז: הָיְתָה יְהוּדָה לְקָדְשׁוֹ יִשְׂרָאֵל מַמְשְׁלוֹתָיו: הַיָּם רָאָה וַיָּנֹס הַיַּרְדֵּן יִסֹּב לְאָחוֹר: הֶהָרִים רָקְדוּ כְאֵילִים גְּבָעוֹת כִּבְנֵי־צֹאן: מַה־לְּךָ הַיָּם כִּי תָנוּס הַיַּרְדֵּן תִּסֹּב לְאָחוֹר: הֶהָרִים תִּרְקְדוּ כְאֵילִים גְּבָעוֹת כִּבְנֵי־צֹאן: מִלִּפְנֵי אָדוֹן חוּלִי אָרֶץ מִלִּפְנֵי אֱלוֹ.הַּ יַעֲקֹב: הַהֹפְכִי הַצּוּר אֲגַם־מָיִם חַלָּמִישׁ לְמַעְיְנוֹ־מָיִם:

בָּרוּךְ אַתָּה ה׳ אֱלֹקֵינוּ מֶלֶךְ הָעוֹלָם אֲשֶׁר גְּאָלָנוּ וְגָאַל אֶת־אֲבוֹתֵינוּ מִמִּצְרַיִם וְהִגִּיעָנוּ הַלַּיְלָה הַזֶּה, לֶאֱכָל־בּוֹ מַצָּה וּמָרוֹר. כֵּן ה׳ אֱלֹקֵינוּ וֵאלֹקֵי אֲבוֹתֵינוּ הַגִּיעֵנוּ לְמוֹעֲדִים וְלִרְגָלִים אֲחֵרִים הַבָּאִים לִקְרָאתֵנוּ לְשָׁלוֹם. שְׂמֵחִים בְּבִנְיַן עִירֶךָ וְשָׂשִׂים בַּעֲבוֹדָתֶךָ וְנֹאכַל־שָׁם מִן הַזְּבָחִים וּמִן הַפְּסָחִים אֲשֶׁר יַגִּיעַ דָּמָם עַל קִיר מִזְבַּחֲךָ לְרָצוֹן וְנוֹדֶה לְךָ שִׁיר חָדָשׁ עַל גְּאֻלָּתֵנוּ וְעַל פְּדוּת נַפְשֵׁנוּ: בָּרוּךְ אַתָּה ה׳ גָּאַל יִשְׂרָאֵל:

We drink the second cup of wine, leaning to the left.

שְׂמֵחִים בְּבִנְיַן עִירֶךָ

Why are we made happy with the Rebuilding of Your city- יְרוּשָׁלַיִם?

יְרוּשָׁלַיִם was a special city that ה׳ protected from bad things. When the בֵּית הַמִּקְדָּשׁ was built, no scorpion or poisonous snake ever bit someone there and there was always enough room for people to comfortably stay overnight - even during the שָׁלוֹשׁ רְגָלִים when everyone would come.

This קָדוֹשׁ city made the people who lived there happy!

בְּעֶזְרַת ה׳, soon, we will also be able to enjoy all the special בְּרָכוֹת in יְרוּשָׁלַיִם - אָמֵן!

לְפִיכָךְ

Why do we read all these praises to ה' now - at this part of the סֵדֶר?

Until now in the הַגָּדָה, we explained how we just left Egypt - now we are - saying praises to ה' to thank Him!

לְפִיכָךְ tells us that we must praise ה' in seven different ways. Fine, but when do we do it?

Each one of the seven praises (1 לְהוֹדוֹת, 2 לְהַלֵּל, 3 לְשַׁבֵּחַ, 4 לְפָאֵר, 5 לְרוֹמֵם, 6 לְהַדֵּר, 7 וּלְקַלֵּס) is said in the הַלֵּל - some in the first part, before we will eat the מַצָּה, and some after.

הַלְלוּיָ.הּ

Why don't we say a בְּרָכָה over הַלֵּל at the סֵדֶר ?

There are many reasons, here's one: Since we won't be finishing it all at once and there will be a big break in the middle, it is not like the regular whole-הַלֵּל that we say with a בְּרָכָה.

Why is this the first paragraph of הַלֵּל ?

This short פֶּרֶק of תְּהִילִים teaches us four things about praising ה'!

1) Who should praise ה'? The פָּסוּק says: " עַבְדֵי ה' " -Servants of ה'. Only those who really follow HIS commandments should praise ה'.

2) Who are we praising? ה' is so mighty and powerful we couldn't ever describe HIS greatness. The פָּסוּק says instead: הַלְלוּ אֶת־שֵׁם ה' - 'Praise The Name Of ה''.

3) When should we praise ה'? Always! At that time we sang "יְהִי שֵׁם ה' מְבֹרָךְ מֵעַתָּה וְעַד־עוֹלָם" which means, "Hashem's Name Should Be Blessed From Now Until Forever." Until that time, very few people knew about ה''s power but from then on, the nations of the world knew very well just what HE could do!

4) Where do we praise HIM? That's easy! Anywhere we happen to be! The פָּסוּק tells us 'From Where The Sun Rises Until Where It Rests" - " מִמִּזְרַח־שֶׁמֶשׁ עַד־מְבוֹאוֹ " Any place at all - from one end of the world to the other.

בְּצֵאת יִשְׂרָאֵל מִמִּצְרָיִם

הַיָּם רָאָה וַיָּנֹס means 'The Ocean Saw And Ran Away'.

What did the ocean see?

Our חֲכָמִים tell us that it saw the casket (box of bones) of יוֹסֵף.

So why did the ocean run away?

Many years before, when יוֹסֵף was a servant in פּוֹטִיפַר's house, פּוֹטִיפַר's wife wanted to marry him very much and tried to convince יוֹסֵף to kill her husband and marry her, but יוֹסֵף wouldn't listen to her. One day, when they were alone in the house, she grabbed his clothes to force him to marry her, but יוֹסֵף quickly left the garment in her hand and ran away outside. To reward יוֹסֵף for *running away* from a terrible עֲבֵירָה, the sea *ran away* from us as we left Egypt - just as יוֹסֵף ran from פּוֹטִיפַר's wife!

הֶהָרִים רָקְדוּ כְאֵילִים means 'The Mountains Jumped As Rams'. What does that mean - rams are male sheep; rams jump, mountains don't!

Oh yes they do! As soon as the בְּנֵי יִשְׂרָאֵל came out of מִצְרַיִם, mountains from all over came to the area to be near הַר סִינַי in time for מַתַּן תּוֹרָה.

Why do we stop saying הַלֵּל right here after only two paragraphs?

These first two paragraphs discuss יְצִיאַת מִצְרַיִם. The first discusses how ה' raises those who are low and suffering - that was us! The second paragraph discusses how ה' took us out of Egypt. Since these discuss יְצִיאַת מִצְרַיִם, we say them together with the rest of the הַגָּדָה. In fact, the גְּמָרָא calls these paragraphs "הַלֵּל מִצְרִי" which means "The Egyptian Hallel"!

רָחְצָה

Rohsah - Washing for "Bread"

We wash our hands for bread, three times on the right, then three times on the left - this time with a בְּרָכָה.

בָּרוּךְ אַתָּה ה׳ אֱלֹקֵינוּ מֶלֶךְ הָעוֹלָם, אֲשֶׁר קִדְּשָׁנוּ בְּמִצְוֹתָיו,
וְצִוָּנוּ עַל נְטִילַת יָדָיִם:

Remember, this time we're not allowed to talk!

מוֹצִיא מַצָּה

Motzi/Matzah - Making the בְּרָכוֹת & Eating מַצָּה

The person in charge of the סֵדֶר takes all three מַצּוֹת (the two whole ones with the broken one in the middle) and makes the בְּרָכָה of הַמּוֹצִיא.

בָּרוּךְ אַתָּה ה׳, אֱלֹקֵינוּ מֶלֶךְ הָעוֹלָם, הַמּוֹצִיא לֶחֶם מִן הָאָרֶץ:

He then quickly puts the bottom מַצָּה down and while holding the top מַצָּה and the broken piece, says the בְּרָכָה of:

בָּרוּךְ אַתָּה ה׳, אֱלֹקֵינוּ מֶלֶךְ הָעוֹלָם, אֲשֶׁר קִדְּשָׁנוּ בְּמִצְוֹתָיו וְצִוָּנוּ
עַל אֲכִילַת מַצָּה:

Now he breaks off a little bit of each of the two מַצּוֹת, dips them in salt and eats them while leaning to the left. He should be careful to eat the proper amount of מַצָּה from these two מַצּוֹת. The person who made הַמּוֹצִיא then breaks off a little bit of each of the two מַצּוֹת, dips them in salt and passes them around so that each one at the סֵדֶר gets a little bit of each of the two מַצּוֹת.

We eat the מַצָּה while leaning to the left. Make sure to eat enough מַצָּה. If there isn't enough מַצָּה, take some more out of the box. It is very important that *each person eats the proper amount of מַצָּה*. This would be little bit more than an ounce; about half of a round מַצָּה שְׁמוּרָה.

It is important to eat the מַצָּה as quickly as you can. It's best to eat it in less than seven and a half minutes; finishing in four minutes is even better.

מָרוֹר

Maror - Eating the Bitter מָרוֹר

Take the proper amount of מָרוֹר (also, about an ounce), dip it in the חֲרוֹסֶת, and shake the חֲרוֹסֶת off. If there is too much חֲרוֹסֶת, the מָרוֹר won't taste bitter.

Make the special בְּרָכָה: "עַל אֲכִילַת מָרוֹר" and eat the מָרוֹר without leaning.

בָּרוּךְ אַתָּה ה' אֱלֹקֵינוּ מֶלֶךְ הָעוֹלָם, אֲשֶׁר קִדְּשָׁנוּ בְּמִצְוֹתָיו וְצִוָּנוּ עַל אֲכִילַת מָרוֹר:

It is very important that *each person eats the proper amount of מָרוֹר*.

It is important to eat the מָרוֹר as quickly as you can. It's best to eat it in less than seven and a half minutes; finishing in four minutes is even better.

NOTE: Be very careful to clean both the מָרוֹר and חֲזֶרֶת very well for bugs.
The bugs are small, green and very hard to see!
Every last part of each leaf must be checked.
The stems of Romaine Lettuce and Escarole are a little easier to check.

כּוֹרֵךְ

Korech - Making a מַצָּה and מָרוֹר Sandwich

Take a proper amount of מַצָּה from the last of the 3 מַצוֹת and a proper amount of מְרוֹר and חְזֶרֶת and make a sandwich. If there isn't enough מַצָּה take some more from the box. This time we will need a piece that is about a third of a מַצָּה שְׁמוּרָה.

Before we eat the sandwich we say "זֵכֶר לְמִקְדָּשׁ כְּהִלֵּל". We lean to the left as we eat it.

מַצָּה וּמָרוֹר בְּלֹא בְּרָכָה זֵכֶר לְמִקְדָּשׁ כְּהִלֵּל הַזָּקֵן שֶׁהָיָה כּוֹרְכָן וְאוֹכְלָן בְּבַת אַחַת לְקַיֵּם מַה שֶּׁנֶּאֱמַר: עַל־מַצּוֹת וּמְרוֹרִים יֹאכְלֻהוּ:

שֻׁלְחָן עוֹרֵךְ

Shulhan Orech - Eating a יוֹם טוֹב Meal

Eat a happy, יוֹם טוֹב meal. Speak about יְצִיאַת מִצְרַיִם. If someone leans while he eats the meal he gets an extra מִצְוָה, although he doesn't have to. Don't eat too much - leave room for the אֲפִיקוֹמָן!

We begin our meal by eating the בֵּיצָה-hard boiled egg- from the סֵדֶר plate. This is to remember a קָרְבָּן called the "קָרְבַּן חֲגִיגָה". Before eating it, we say:

"זֵכֶר לְקָרְבַּן חֲגִיגָה" - "This is to remember the קָרְבַּן חֲגִיגָה".

צָפוּן

Safoon - Eating the אֲפִיקוֹמָן

After the meal, each person gets a small piece of the מָצָה that was put aside (Remember that, all the way at the beginning of the סֵדֶר?). We add other מָצָה from the box to make sure each person gets the proper amount.

Since this is to remember the קָרְבַּן פֶּסַח that used to be eaten at the end of the meal when we had a בֵּית הַמִקְדָשׁ, we say:

"זֵכֶר לְקָרְבַּן פֶּסַח הַנֶאֱכַל עַל הַשׂוֹבַע"

We eat this while leaning to the left. After this we may not eat or drink anything except for some water or maybe tea.

The cups of wine are rinsed and then filled.

בָּרֵךְ

Barech - Saying בִּרְכַּת הַמָזוֹן

Before we begin to say בִּרְכַּת הַמָזוֹן, we wash our hands for מַיִם אַחֲרוֹנִים and say "מַיִם אַחֲרוֹנִים חוֹבָה".

When three adult men (over בַּר מִצְוָה age) eat together we say זִימוּן. When ten adult men have eaten together, we add the word "אֱלוֹקֵינוּ" to the זִימוּן.

The leader says: בִּרְשׁוּתְכֶם:

The others answer: בִּרְשׁוּת שָׁמַיִם:

The leader says: נְבָרֵךְ (אֱלֹקֵינוּ) שֶׁאָכַלְנוּ מִשֶּׁלוֹ:

The others answer: בָּרוּךְ (אֱלֹקֵינוּ) שֶׁאָכַלְנוּ מִשֶּׁלוֹ וּבְטוּבוֹ חָיִינוּ:

The leader repeats: בָּרוּךְ (אֱלֹקֵינוּ) שֶׁאָכַלְנוּ מִשֶּׁלוֹ וּבְטוּבוֹ חָיִינוּ:

בָּרוּךְ אַתָּה ה' אֱלֹקֵינוּ מֶלֶךְ הָעוֹלָם הָאֵ.ל הַזָּן אוֹתָנוּ וְאֶת־הָעוֹלָם כֻּלּוֹ בְּטוּבוֹ בְּחֵן בְּחֶסֶד בְּרֶוַח וּבְרַחֲמִים רַבִּים. נוֹתֵן לֶחֶם לְכָל־בָּשָׂר כִּי לְעוֹלָם חַסְדּוֹ. וּבְטוּבוֹ הַגָּדוֹל תָּמִיד לֹא־חָסֵר לָנוּ וְאַל יֶחְסַר־לָנוּ מָזוֹן תָּמִיד לְעוֹלָם וָעֶד. כִּי הוּא אֵ.ל זָן וּמְפַרְנֵס לַכֹּל וְשֻׁלְחָנוֹ עָרוּךְ לַכֹּל וְהִתְקִין מִחְיָה וּמָזוֹן לְכָל־בְּרִיּוֹתָיו אֲשֶׁר בָּרָא בְּרַחֲמָיו וּבְרֹב חֲסָדָיו. כָּאָמוּר פּוֹתֵחַ אֶת־יָדֶךָ וּמַשְׂבִּיעַ לְכָל־חַי רָצוֹן. בָּרוּךְ אַתָּה ה', הַזָּן אֶת הַכֹּל:

נוֹדֶה לְּךָ ה' אֱלֹקֵינוּ עַל שֶׁהִנְחַלְתָּ לַאֲבוֹתֵינוּ אֶרֶץ חֶמְדָּה טוֹבָה וּרְחָבָה בְּרִית וְתוֹרָה חַיִּים וּמָזוֹן עַל שֶׁהוֹצֵאתָנוּ מֵאֶרֶץ מִצְרַיִם וּפְדִיתָנוּ מִבֵּית עֲבָדִים, וְעַל בְּרִיתְךָ שֶׁחָתַמְתָּ בִּבְשָׂרֵנוּ וְעַל תּוֹרָתְךָ שֶׁלִּמַּדְתָּנוּ וְעַל חֻקֵּי רְצוֹנָךְ שֶׁהוֹדַעְתָּנוּ וְעַל חַיִּים וּמָזוֹן שָׁאַתָּה זָן וּמְפַרְנֵס אוֹתָנוּ:

וְעַל הַכֹּל ה' אֱלֹקֵינוּ אֲנַחְנוּ מוֹדִים לָךְ וּמְבָרְכִים אֶת־שְׁמָךְ כָּאָמוּר וְאָכַלְתָּ וְשָׂבָעְתָּ וּבֵרַכְתָּ אֶת ה' אֱלֹקֶיךָ עַל הָאָרֶץ הַטֹּבָה אֲשֶׁר נָתַן לָךְ. בָּרוּךְ אַתָּה ה' עַל הָאָרֶץ וְעַל הַמָּזוֹן:

רַחֵם ה' אֱלֹקֵינוּ עָלֵינוּ וְעַל־יִשְׂרָאֵל עַמָּךְ וְעַל־יְרוּשָׁלַיִם עִירָךְ וְעַל־הַר צִיּוֹן מִשְׁכַּן כְּבוֹדָךְ וְעַל־הֵיכָלָךְ וְעַל־מְעוֹנָךְ וְעַל־דְּבִירָךְ וְעַל־הַבַּיִת הַגָּדוֹל וְהַקָּדוֹשׁ שֶׁנִּקְרָא שִׁמְךָ עָלָיו. אָבִינוּ רְעֵנוּ זוּנֵנוּ פַּרְנְסֵנוּ כַּלְכְּלֵנוּ הַרְוִיחֵנוּ הַרְוַח לָנוּ מְהֵרָה מִכָּל־צָרוֹתֵינוּ וְנָא אַל־תַּצְרִיכֵנוּ ה' אֱלֹקֵינוּ לִידֵי מַתְּנוֹת בָּשָׂר וָדָם וְלֹא לִידֵי הַלְוָאָתָם. אֶלָּא לְיָדְךָ הַמְּלֵאָה וְהָרְחָבָה הָעֲשִׁירָה וְהַפְּתוּחָה. יְהִי רָצוֹן שֶׁלֹּא נֵבוֹשׁ בָּעוֹלָם הַזֶּה וְלֹא נִכָּלֵם לְעוֹלָם הַבָּא וּמַלְכוּת בֵּית דָּוִד מְשִׁיחָךְ תַּחֲזִירֶנָּה לִמְקוֹמָהּ בִּמְהֵרָה בְיָמֵינוּ:

On שַׁבָּת we say:

רְצֵה וְהַחֲלִיצֵנוּ ה' אֱלֹקֵינוּ בְּמִצְוֹתֶיךָ וּבְמִצְוַת יוֹם הַשְּׁבִיעִי הַשַּׁבָּת הַגָּדוֹל וְהַקָּדוֹשׁ הַזֶּה. כִּי יוֹם גָּדוֹל וְקָדוֹשׁ הוּא מִלְּפָנֶיךָ נִשְׁבֹּת בּוֹ וְנָנוּחַ בּוֹ וְנִתְעַנֵּג בּוֹ כְּמִצְוַת חֻקֵּי רְצוֹנָךְ.וְאַל תְּהִי צָרָה וְיָגוֹן בְּיוֹם מְנוּחָתֵנוּ. וְהַרְאֵנוּ בְּנֶחָמַת צִיּוֹן בִּמְהֵרָה בְיָמֵינוּ כִּי אַתָּה הוּא בַּעַל הַנֶּחָמוֹת וְהֲגַם שֶׁאָכַלְנוּ וְשָׁתִינוּ חָרְבַּן בֵּיתְךָ הַגָּדוֹל וְהַקָּדוֹשׁ לֹא שָׁכַחְנוּ. אַל תִּשְׁכָּחֵנוּ לָנֶצַח וְאַל תִּזְנָחֵנוּ לָעַד כִּי אֵ.ל מֶלֶךְ גָּדוֹל וְקָדוֹשׁ אָתָּה:

אֱלֹקֵינוּ וֵאלֹקֵי אֲבוֹתֵינוּ יַעֲלֶה וְיָבֹא וְיַגִּיעַ וְיֵרָאֶה וְיֵרָצֶה וְיִשָּׁמַע וְיִפָּקֵד וְיִזָּכֵר זִכְרוֹנֵנוּ וְזִכְרוֹן אֲבוֹתֵינוּ זִכְרוֹן יְרוּשָׁלַיִם עִירָךְ וְזִכְרוֹן מָשִׁיחַ בֶּן דָּוִד עַבְדָּךְ וְזִכְרוֹן כָּל־עַמְּךָ בֵּית יִשְׂרָאֵל לְפָנֶיךָ לִפְלֵיטָה לְטוֹבָה לְחֵן וּלְחֶסֶד וּלְרַחֲמִים לְחַיִּים טוֹבִים וּלְשָׁלוֹם בְּיוֹם חַג הַמַּצּוֹת הַזֶּה. בְּיוֹם טוֹב מִקְרָא קֹדֶשׁ הַזֶּה. לְרַחֵם בּוֹ עָלֵינוּ וּלְהוֹשִׁיעֵנוּ זָכְרֵנוּ ה׳ אֱלֹקֵינוּ בּוֹ לְטוֹבָה. וּפָקְדֵנוּ בוֹ לִבְרָכָה. וְהוֹשִׁיעֵנוּ בוֹ לְחַיִּים טוֹבִים בִּדְבַר יְשׁוּעָה וְרַחֲמִים, חוּס וְחָנֵּנוּ וַחֲמוֹל וְרַחֵם עָלֵינוּ וְהוֹשִׁיעֵנוּ כִּי אֵלֶיךָ עֵינֵינוּ כִּי אֵ.ל מֶלֶךְ חַנּוּן וְרַחוּם אָתָּה:

וְתִבְנֶה יְרוּשָׁלַיִם עִירָךְ בִּמְהֵרָה בְיָמֵינוּ.

בָּרוּךְ אַתָּה ה׳, בּוֹנֵה יְרוּשָׁלָיִם...אָמֵן:

בָּרוּךְ אַתָּה ה׳ אֱלֹקֵינוּ מֶלֶךְ הָעוֹלָם הָאֵ.ל אָבִינוּ מַלְכֵּנוּ אַדִּירֵנוּ בּוֹרְאֵנוּ גּוֹאֲלֵנוּ קְדוֹשֵׁנוּ קְדוֹשׁ יַעֲקֹב רוֹעֵנוּ רוֹעֵה יִשְׂרָאֵל הַמֶּלֶךְ הַטּוֹב וְהַמֵּטִיב לַכֹּל שֶׁבְּכָל יוֹם וָיוֹם הוּא הֵטִיב לָנוּ הוּא מֵטִיב לָנוּ הוּא יֵיטִיב לָנוּ. הוּא גְמָלָנוּ הוּא גוֹמְלֵנוּ הוּא יִגְמְלֵנוּ לָעַד חֵן וָחֶסֶד וְרַחֲמִים וְרֶוַח וְהַצָּלָה וְכָל טוֹב:

הָרַחֲמָן הוּא יִשְׁתַּבַּח עַל כִּסֵּא כְבוֹדוֹ:

הָרַחֲמָן הוּא יִשְׁתַּבַּח בַּשָּׁמַיִם וּבָאָרֶץ:

הָרַחֲמָן הוּא יִשְׁתַּבַּח בָּנוּ לְדוֹר דּוֹרִים:

הָרַחֲמָן הוּא קֶרֶן לְעַמּוֹ יָרִים:

הָרַחֲמָן הוּא יִתְפָּאַר בָּנוּ לְנֵצַח נְצָחִים:

הָרַחֲמָן הוּא יְפַרְנְסֵנוּ בְּכָבוֹד וְלֹא בְבִזּוּי (בְּהֶתֵּר וְלֹא בְּאִסּוּר) בְּנַחַת וְלֹא בְצַעַר:

הָרַחֲמָן הוּא יִתֵּן שָׁלוֹם בֵּינֵינוּ:

הָרַחֲמָן הוּא יִשְׁלַח בְּרָכָה רְוָחָה וְהַצְלָחָה בְּכָל־מַעֲשֵׂה יָדֵינוּ:

הָרַחֲמָן הוּא יַצְלִיחַ אֶת דְּרָכֵינוּ:

הָרַחֲמָן הוּא יִשְׁבּוֹר עֹל גָּלוּת מְהֵרָה מֵעַל־צַוָּארֵנוּ:

הָרַחֲמָן הוּא יוֹלִיכֵנוּ מְהֵרָה קוֹמְמִיּוּת לְאַרְצֵנוּ:

הָרַחֲמָן הוּא יִרְפָּאֵנוּ רְפוּאָה שְׁלֵמָה, רְפוּאַת הַנֶּפֶשׁ וּרְפוּאַת הַגּוּף:

הָרַחֲמָן הוּא יִפְתַּח לָנוּ אֶת־יָדוֹ הָרְחָבָה:

הָרַחֲמָן הוּא יְבָרֵךְ כָּל־אֶחָד וְאֶחָד מִמֶּנּוּ בִּשְׁמוֹ הַגָּדוֹל כְּמוֹ שֶׁנִּתְבָּרְכוּ אֲבוֹתֵינוּ אַבְרָהָם יִצְחָק וְיַעֲקֹב בַּכֹּל מִכֹּל כֹּל. כֵּן יְבָרֵךְ אוֹתָנוּ יַחַד בְּרָכָה שְׁלֵמָה וְכֵן יְהִי רָצוֹן וְנֹאמַר אָמֵן:

הָרַחֲמָן הוּא יִפְרוֹשׂ עָלֵינוּ סֻכַּת שְׁלוֹמוֹ:

On שַׁבָּת we say:

הָרַחֲמָן הוּא יַנְחִילֵנוּ עוֹלָם שֶׁכֻּלּוֹ שַׁבָּת. וּמְנוּחָה לְחַיֵּי הָעוֹלָמִים:

On יום טוב we say:

הָרַחֲמָן הוּא יַנְחִילֵינוּ יוֹם שֶׁכֻּלּוֹ טוֹב:

הָרַחֲמָן הוּא יִטַּע תּוֹרָתוֹ וְאַהֲבָתוֹ בְּלִבֵּנוּ וְתִהְיֶה יִרְאָתוֹ עַל פָּנֵינוּ לְבִלְתִּי נֶחֱטָא, וְיִהְיוּ כָל־מַעֲשֵׂינוּ לְשֵׁם שָׁמָיִם:

A guest says:

הָרַחֲמָן הוּא יְבָרֵךְ אֶת־הַשֻּׁלְחָן הַזֶּה שֶׁאָכַלְנוּ עָלָיו וִיסַדֵּר בּוֹ כָּל־מַעֲדַנֵּי עוֹלָם. וְיִהְיֶה כְּשֻׁלְחָנוֹ שֶׁל אַבְרָהָם אָבִינוּ כָּל־רָעֵב מִמֶּנּוּ יֹאכַל וְכָל צָמֵא מִמֶּנּוּ יִשְׁתֶּה. וְאַל־יֶחְסַר מִמֶּנּוּ כָּל־טוּב לָעַד וּלְעוֹלְמֵי עוֹלָמִים - אָמֵן:

הָרַחֲמָן הוּא יְבָרֵךְ בַּעַל הַבַּיִת הַזֶּה וּבַעַל הַסְּעֻדָּה הַזֹּאת. הוּא וּבָנָיו וְאִשְׁתּוֹ וְכָל־אֲשֶׁר לוֹ בְּבָנִים שֶׁיִּחְיוּ וּבִנְכָסִים שֶׁיִּרְבּוּ. בָּרֵךְ ה' חֵילוֹ וּפֹעַל יָדָיו תִּרְצֶה. וְיִהְיוּ נְכָסָיו וּנְכָסֵינוּ מֻצְלָחִים וּקְרוֹבִים לָעִיר. וְאַל יִזְדַּקֵּק לְפָנָיו וְלֹא לְפָנֵינוּ שׁוּם דְּבַר חֵטְא וְהִרְהוּר עָוֹן. שָׂשׂ וְשָׂמֵחַ כָּל־הַיָּמִים בְּעֹשֶׁר וְכָבוֹד מֵעַתָּה וְעַד עוֹלָם. לֹא יֵבוֹשׁ בָּעוֹלָם הַזֶּה וְלֹא יִכָּלֵם לָעוֹלָם הַבָּא - אָמֵן כֵּן יְהִי רָצוֹן:

הָרַחֲמָן הוּא יְחַיֵּינוּ וִיזַכֵּנוּ וִיקָרְבֵנוּ לִימוֹת הַמָּשִׁיחַ וּלְבִנְיַן בֵּית הַמִּקְדָּשׁ וּלְחַיֵּי הָעוֹלָם הַבָּא. מִגְדּוֹל יְשׁוּעוֹת מַלְכּוֹ וְעֹשֶׂה חֶסֶד לִמְשִׁיחוֹ לְדָוִד וּלְזַרְעוֹ עַד עוֹלָם. כְּפִירִים רָשׁוּ וְרָעֵבוּ וְדוֹרְשֵׁי ה' לֹא יַחְסְרוּ כָל־טוֹב: נַעַר הָיִיתִי גַּם זָקַנְתִּי וְלֹא־רָאִיתִי צַדִּיק נֶעֱזָב וְזַרְעוֹ מְבַקֶּשׁ־לָחֶם: כָּל־הַיּוֹם חוֹנֵן וּמַלְוֶה וְזַרְעוֹ לִבְרָכָה: מַה־שֶּׁאָכַלְנוּ יִהְיֶה לְשָׂבְעָה וּמַה־שֶּׁשָּׁתִינוּ יִהְיֶה לִרְפוּאָה וּמַה־שֶּׁהוֹתַרְנוּ יִהְיֶה לִבְרָכָה - כְּדִכְתִיב: וַיִּתֵּן לִפְנֵיהֶם וַיֹּאכְלוּ וַיּוֹתִירוּ כִּדְבַר ה': בְּרוּכִים אַתֶּם לַה' עֹשֵׂה שָׁמַיִם וָאָרֶץ: בָּרוּךְ הַגֶּבֶר אֲשֶׁר יִבְטַח בַּה' וְהָיָה ה' מִבְטַחוֹ: ה' עֹז לְעַמּוֹ יִתֵּן ה' יְבָרֵךְ אֶת עַמּוֹ בַשָּׁלוֹם: עֹשֶׂה שָׁלוֹם בִּמְרוֹמָיו הוּא בְּרַחֲמָיו יַעֲשֶׂה שָׁלוֹם עָלֵינוּ וְעַל כָּל־עַמּוֹ יִשְׂרָאֵל וְאִמְרוּ אָמֵן:

כּוֹס יְשׁוּעוֹת אֶשָּׂא וּבְשֵׁם ה' אֶקְרָא:
סַבְרִי מָרָנָן -- לְחַיִּים
בָּרוּךְ אַתָּה ה' אֱלֹקֵינוּ מֶלֶךְ הָעוֹלָם בּוֹרֵא פְּרִי הַגָּפֶן:

We drink the third cup while leaning to the left. The cups are rinsed, refilled and we begin saying "הַלֵּל"

הַלֵּל

Hallel - Praising ה׳

Holding the fourth cup of wine in our hand, we begin to say הַלֵּל.

שְׁפֹךְ חֲמָתְךָ אֶל־הַגּוֹיִם אֲשֶׁר לֹא יְדָעוּךָ וְעַל־מַמְלָכוֹת אֲשֶׁר בְּשִׁמְךָ לֹא קָרָאוּ: כִּי אָכַל אֶת־יַעֲקֹב וְאֶת־נָוֵהוּ הֵשַׁמּוּ: (שְׁפָךְ־עֲלֵיהֶם זַעְמֶךָ וַחֲרוֹן אַפְּךָ יַשִּׂיגֵם: תִּרְדֹּף בְּאַף וְתַשְׁמִידֵם מִתַּחַת שְׁמֵי ה׳:)

לֹא לָנוּ ה׳ לֹא לָנוּ כִּי לְשִׁמְךָ תֵּן כָּבוֹד עַל־חַסְדְּךָ עַל־אֲמִתֶּךָ: לָמָּה יֹאמְרוּ הַגּוֹיִם אַיֵּה־נָא אֱלֹקֵיהֶם: וֵאלֹקֵינוּ בַשָּׁמָיִם כֹּל אֲשֶׁר־חָפֵץ עָשָׂה: עֲצַבֵּיהֶם כֶּסֶף וְזָהָב מַעֲשֵׂה יְדֵי אָדָם: פֶּה־לָהֶם וְלֹא יְדַבֵּרוּ עֵינַיִם לָהֶם וְלֹא יִרְאוּ: אָזְנַיִם לָהֶם וְלֹא יִשְׁמָעוּ אַף לָהֶם וְלֹא יְרִיחוּן: יְדֵיהֶם וְלֹא יְמִישׁוּן רַגְלֵיהֶם וְלֹא יְהַלֵּכוּ לֹא־יֶהְגּוּ בִּגְרוֹנָם: כְּמוֹהֶם יִהְיוּ עֹשֵׂיהֶם כֹּל אֲשֶׁר־בֹּטֵחַ בָּהֶם: יִשְׂרָאֵל בְּטַח בַּה׳ עֶזְרָם וּמָגִנָּם הוּא: בֵּית אַהֲרֹן בִּטְחוּ בַה׳ עֶזְרָם וּמָגִנָּם הוּא: יִרְאֵי ה׳ בִּטְחוּ בַה׳ עֶזְרָם וּמָגִנָּם הוּא:

ה׳ זְכָרָנוּ יְבָרֵךְ יְבָרֵךְ אֶת בֵּית יִשְׂרָאֵל יְבָרֵךְ אֶת בֵּית אַהֲרֹן: יְבָרֵךְ יִרְאֵי ה׳ הַקְּטַנִּים עִם־הַגְּדֹלִים: יֹסֵף ה׳ עֲלֵיכֶם עֲלֵיכֶם וְעַל־בְּנֵיכֶם: בְּרוּכִים אַתֶּם לַה׳ עֹשֵׂה שָׁמַיִם וָאָרֶץ: הַשָּׁמַיִם שָׁמַיִם לַה׳ וְהָאָרֶץ נָתַן לִבְנֵי־אָדָם: לֹא הַמֵּתִים יְהַלְלוּ־יָ.הּ וְלֹא כָּל־יֹרְדֵי דוּמָה: וַאֲנַחְנוּ נְבָרֵךְ יָ.הּ מֵעַתָּה וְעַד־עוֹלָם הַלְלוּיָ.הּ:

אָהַבְתִּי כִּי־יִשְׁמַע ה׳ אֶת קוֹלִי תַּחֲנוּנָי: כִּי־הִטָּה אָזְנוֹ לִי וּבְיָמַי אֶקְרָא: אֲפָפוּנִי חֶבְלֵי־מָוֶת וּמְצָרֵי שְׁאוֹל מְצָאוּנִי צָרָה וְיָגוֹן אֶמְצָא: וּבְשֵׁם־ה׳ אֶקְרָא אָנָּה ה׳ מַלְּטָה נַפְשִׁי: חַנּוּן ה׳ וְצַדִּיק וֵאלֹקֵינוּ מְרַחֵם: שֹׁמֵר פְּתָאִים ה׳ דַּלּוֹתִי וְלִי יְהוֹשִׁיעַ: שׁוּבִי נַפְשִׁי לִמְנוּחָיְכִי כִּי־ה׳ גָּמַל עָלָיְכִי: כִּי חִלַּצְתָּ נַפְשִׁי מִמָּוֶת אֶת־עֵינִי מִן־דִּמְעָה אֶת רַגְלִי מִדֶּחִי: אֶתְהַלֵּךְ לִפְנֵי ה׳ בְּאַרְצוֹת הַחַיִּים: הֶאֱמַנְתִּי כִּי אֲדַבֵּר אֲנִי עָנִיתִי מְאֹד: אֲנִי אָמַרְתִּי בְחָפְזִי כָּל־הָאָדָם כֹּזֵב:

מָה אָשִׁיב לַה׳ כָּל־תַּגְמוּלוֹהִי עָלָי: כּוֹס־יְשׁוּעוֹת אֶשָּׂא וּבְשֵׁם ה׳ אֶקְרָא:
נְדָרַי לַה׳ אֲשַׁלֵּם נֶגְדָה־נָּא לְכָל־עַמּוֹ: יָקָר בְּעֵינֵי ה׳ הַמָּוְתָה לַחֲסִידָיו: אָנָּה
ה׳ כִּי־אֲנִי עַבְדֶּךָ אֲנִי־עַבְדְּךָ בֶּן אֲמָתֶךָ פִּתַּחְתָּ לְמוֹסֵרָי: לְךָ־אֶזְבַּח זֶבַח תּוֹדָה
וּבְשֵׁם ה׳ אֶקְרָא: נְדָרַי לַה׳ אֲשַׁלֵּם נֶגְדָה־נָּא לְכָל־עַמּוֹ: בְּחַצְרוֹת בֵּית ה׳
בְּתוֹכֵכִי יְרוּשָׁלָיִם הַלְלוּיָ.הּ:

הַלְלוּ אֶת ה׳ כָּל־גּוֹיִם שַׁבְּחוּהוּ כָּל־הָאֻמִּים: כִּי גָבַר עָלֵינוּ חַסְדּוֹ וֶאֱמֶת־ה׳
לְעוֹלָם הַלְלוּיָ.הּ:

הוֹדוּ לַה׳־כִּי טוֹב כִּי לְעוֹלָם חַסְדּוֹ:
יֹאמַר־נָא יִשְׂרָאֵל כִּי לְעוֹלָם חַסְדּוֹ:
יֹאמְרוּ־נָא בֵית־אַהֲרֹן כִּי לְעוֹלָם חַסְדּוֹ:
יֹאמְרוּ־נָא יִרְאֵי ה׳ כִּי לְעוֹלָם חַסְדּוֹ:

מִן־הַמֵּצַר קָרָאתִי יָ.הּ עָנָנִי בַמֶּרְחָב יָ.הּ: ה׳ לִי לֹא אִירָא מַה־יַּעֲשֶׂה לִי
אָדָם: ה׳ לִי בְּעֹזְרָי וַאֲנִי אֶרְאֶה בְשֹׂנְאָי: טוֹב לַחֲסוֹת בַּה׳ מִבְּטֹחַ בָּאָדָם: טוֹב
לַחֲסוֹת בַּה׳ מִבְּטֹחַ בִּנְדִיבִים: כָּל־גּוֹיִם סְבָבוּנִי בְּשֵׁם ה׳ כִּי אֲמִילַם: סַבּוּנִי
גַם־סְבָבוּנִי בְּשֵׁם ה׳ כִּי אֲמִילַם: סַבּוּנִי כִדְבֹרִים דֹּעֲכוּ כְּאֵשׁ קוֹצִים בְּשֵׁם ה׳
כִּי אֲמִילַם: דָּחֹה דְחִיתַנִי לִנְפֹּל וַה׳ עֲזָרָנִי: עָזִּי וְזִמְרָת יָ.הּ וַיְהִי־לִי לִישׁוּעָה:
קוֹל רִנָּה וִישׁוּעָה בְּאָהֳלֵי צַדִּיקִים יְמִין ה׳ עֹשָׂה חָיִל: יְמִין ה׳ רוֹמֵמָה יְמִין
ה׳ עֹשָׂה חָיִל: לֹא־אָמוּת כִּי־אֶחְיֶה וַאֲסַפֵּר מַעֲשֵׂי יָ.הּ: יַסֹּר יִסְּרַנִּי יָ.הּ וְלַמָּוֶת
לֹא נְתָנָנִי: פִּתְחוּ־לִי שַׁעֲרֵי־צֶדֶק אָבֹא־בָם אוֹדֶה יָ.הּ: זֶה־הַשַּׁעַר לַה׳ צַדִּיקִים
יָבֹאוּ בוֹ:

אוֹדְךָ כִּי עֲנִיתָנִי וַתְּהִי לִי־לִישׁוּעָה:
אוֹדְךָ כִּי עֲנִיתָנִי וַתְּהִי לִי־לִישׁוּעָה:
אֶבֶן מָאֲסוּ הַבּוֹנִים הָיְתָה לְרֹאשׁ פִּנָּה:
אֶבֶן מָאֲסוּ הַבּוֹנִים הָיְתָה לְרֹאשׁ פִּנָּה:
מֵאֵת ה׳ הָיְתָה זֹּאת הִיא נִפְלָאת בְּעֵינֵינוּ:
מֵאֵת ה׳ הָיְתָה זֹּאת הִיא נִפְלָאת בְּעֵינֵינוּ:
זֶה־הַיּוֹם עָשָׂה ה׳ נָגִילָה וְנִשְׂמְחָה בוֹ:
זֶה־הַיּוֹם עָשָׂה ה׳ נָגִילָה וְנִשְׂמְחָה בוֹ:

אָנָּא ה׳ הוֹשִׁיעָה נָּא: **אָנָּא ה׳ הוֹשִׁיעָה נָּא:**
אָנָּא ה׳ הַצְלִיחָה נָא: **אָנָּא ה׳ הַצְלִיחָה נָא:**

בָּרוּךְ הַבָּא בְּשֵׁם ה׳ בֵּרַכְנוּכֶם מִבֵּית ה׳:

בָּרוּךְ הַבָּא בְּשֵׁם ה׳ בֵּרַכְנוּכֶם מִבֵּית ה׳:

אֵ.ל ה׳ וַיָּאֶר לָנוּ אִסְרוּ־חַג בַּעֲבֹתִים עַד־קַרְנוֹת הַמִּזְבֵּחַ:

אֵ.ל ה׳ וַיָּאֶר לָנוּ אִסְרוּ־חַג בַּעֲבֹתִים, עַד־קַרְנוֹת הַמִּזְבֵּחַ:

אֵ.לִי אַתָּה וְאוֹדֶךָּ אֱלֹקַי אֲרוֹמְמֶךָּ: אֵ.לִי אַתָּה וְאוֹדֶךָּ אֱלֹקַי אֲרוֹמְמֶךָּ:

הוֹדוּ לַה׳ כִּי־טוֹב כִּי לְעוֹלָם חַסְדּוֹ: הוֹדוּ לַה׳ כִּי־טוֹב כִּי לְעוֹלָם חַסְדּוֹ:

הוֹדוּ לַה׳ כִּי־טוֹב כִּי לְעוֹלָם חַסְדּוֹ:
הוֹדוּ לֵאלֹקֵי הָאֱלֹקִים כִּי לְעוֹלָם חַסְדּוֹ:
הוֹדוּ לַאֲדֹנֵי הָאֲדֹנִים כִּי לְעוֹלָם חַסְדּוֹ:
לְעֹשֵׂה נִפְלָאוֹת גְּדֹלוֹת לְבַדּוֹ כִּי לְעוֹלָם חַסְדּוֹ:
לְעֹשֵׂה הַשָּׁמַיִם בִּתְבוּנָה כִּי לְעוֹלָם חַסְדּוֹ:
לְרוֹקַע הָאָרֶץ עַל־הַמָּיִם כִּי לְעוֹלָם חַסְדּוֹ:
לְעֹשֵׂה אוֹרִים גְּדֹלִים כִּי לְעוֹלָם חַסְדּוֹ:
אֶת־הַשֶּׁמֶשׁ לְמֶמְשֶׁלֶת בַּיּוֹם כִּי לְעוֹלָם חַסְדּוֹ:
אֶת־הַיָּרֵחַ וְכוֹכָבִים לְמֶמְשְׁלוֹת בַּלָּיְלָה כִּי לְעוֹלָם חַסְדּוֹ:
לְמַכֵּה מִצְרַיִם בִּבְכוֹרֵיהֶם כִּי לְעוֹלָם חַסְדּוֹ:
וַיּוֹצֵא יִשְׂרָאֵל מִתּוֹכָם כִּי לְעוֹלָם חַסְדּוֹ:
בְּיָד חֲזָקָה וּבִזְרוֹעַ נְטוּיָה כִּי לְעוֹלָם חַסְדּוֹ:
לְגֹזֵר יַם־סוּף לִגְזָרִים כִּי לְעוֹלָם חַסְדּוֹ:
וְהֶעֱבִיר יִשְׂרָאֵל בְּתוֹכוֹ כִּי לְעוֹלָם חַסְדּוֹ:
וְנִעֵר פַּרְעֹה וְחֵילוֹ בְיַם־סוּף כִּי לְעוֹלָם חַסְדּוֹ:
לְמוֹלִיךְ עַמּוֹ בַּמִּדְבָּר כִּי לְעוֹלָם חַסְדּוֹ:
לְמַכֵּה מְלָכִים גְּדֹלִים כִּי לְעוֹלָם חַסְדּוֹ:
וַיַּהֲרֹג מְלָכִים אַדִּירִים כִּי לְעוֹלָם חַסְדּוֹ:
לְסִיחוֹן מֶלֶךְ הָאֱמֹרִי כִּי לְעוֹלָם חַסְדּוֹ:
וּלְעוֹג מֶלֶךְ הַבָּשָׁן כִּי לְעוֹלָם חַסְדּוֹ:
וְנָתַן אַרְצָם לְנַחֲלָה כִּי לְעוֹלָם חַסְדּוֹ:
נַחֲלָה לְיִשְׂרָאֵל עַבְדּוֹ כִּי לְעוֹלָם חַסְדּוֹ:
שֶׁבְּשִׁפְלֵנוּ זָכַר לָנוּ כִּי לְעוֹלָם חַסְדּוֹ:
וַיִּפְרְקֵנוּ מִצָּרֵינוּ כִּי לְעוֹלָם חַסְדּוֹ:
נֹתֵן לֶחֶם לְכָל־בָּשָׂר כִּי לְעוֹלָם חַסְדּוֹ:
הוֹדוּ לְאֵ.ל הַשָּׁמָיִם כִּי לְעוֹלָם חַסְדּוֹ:

נִשְׁמַת כָּל־חַי תְּבָרֵךְ אֶת־שִׁמְךָ ה׳ אֱלֹקֵינוּ. וְרוּחַ כָּל־בָּשָׂר תְּפָאֵר וּתְרוֹמֵם זִכְרְךָ מַלְכֵּנוּ תָּמִיד מִן־הָעוֹלָם וְעַד הָעוֹלָם אַתָּה אֵ.ל:

וּמִבַּלְעָדֶיךָ אֵין לָנוּ מֶלֶךְ גּוֹאֵל וּמוֹשִׁיעַ פּוֹדֶה וּמַצִּיל וְעוֹנֶה וּמְרַחֵם בְּכָל־עֵת צָרָה וְצוּקָה. אֵין לָנוּ מֶלֶךְ עוֹזֵר וְסוֹמֵךְ אֶלָּא אָתָּה:

אֱלֹקֵי הָרִאשׁוֹנִים וְהָאַחֲרוֹנִים אֱלוֹ.הַּ כָּל־בְּרִיּוֹת אֲדוֹן כָּל־תּוֹלָדוֹת הַמְהֻלָּל בְּכָל־הַתִּשְׁבָּחוֹת הַמְנַהֵג עוֹלָמוֹ בְּחֶסֶד וּבְרִיּוֹתָיו בְּרַחֲמִים. וַה׳ אֱלֹקִים אֱמֶת לֹא יָנוּם וְלֹא יִישָׁן הַמְעוֹרֵר יְשֵׁנִים וְהַמֵּקִיץ נִרְדָּמִים מְחַיֵּה מֵתִים וְרוֹפֵא חוֹלִים פּוֹקֵחַ עִוְרִים וְזוֹקֵף כְּפוּפִים הַמֵּשִׂיחַ אִלְּמִים וְהַמְפַעֲנֵחַ נֶעֱלָמִים וּלְךָ לְבַדְּךָ אֲנַחְנוּ מוֹדִים:

וְאִלּוּ פִינוּ מָלֵא שִׁירָה כַּיָּם וּלְשׁוֹנֵנוּ רִנָּה כַּהֲמוֹן גַּלָּיו וְשִׂפְתוֹתֵינוּ שֶׁבַח כְּמֶרְחֲבֵי רָקִיעַ וְעֵינֵינוּ מְאִירוֹת כַּשֶּׁמֶשׁ וְכַיָּרֵחַ וְיָדֵינוּ פְרוּשׂוֹת כְּנִשְׁרֵי שָׁמָיִם וְרַגְלֵינוּ קַלּוֹת כָּאַיָּלוֹת. אֵין אֲנַחְנוּ מַסְפִּיקִים לְהוֹדוֹת לְךָ ה׳ אֱלֹקֵינוּ וּלְבָרֵךְ אֶת־שִׁמְךָ מַלְכֵּנוּ עַל אַחַת מֵאֶלֶף אַלְפֵי אֲלָפִים וְרֹב וְרִבֵּי רְבָבוֹת פְּעָמִים הַטּוֹבוֹת נִסִּים וְנִפְלָאוֹת שֶׁעָשִׂיתָ עִמָּנוּ וְעִם אֲבוֹתֵינוּ: מִלְּפָנִים מִמִּצְרַיִם גְּאַלְתָּנוּ ה׳ אֱלֹקֵינוּ מִבֵּית עֲבָדִים פְּדִיתָנוּ בְּרָעָב זַנְתָּנוּ וּבְשָׂבָע כִּלְכַּלְתָּנוּ מֵחֶרֶב הִצַּלְתָּנוּ מִדֶּבֶר מִלַּטְתָּנוּ וּמֵחֳלָיִם רָעִים וְרַבִּים דִּלִּיתָנוּ: עַד הֵנָּה עֲזָרוּנוּ רַחֲמֶיךָ וְלֹא עֲזָבוּנוּ חֲסָדֶיךָ עַל־כֵּן אֵבָרִים שֶׁפִּלַּגְתָּ בָּנוּ וְרוּחַ וּנְשָׁמָה שֶׁנָּפַחְתָּ בְּאַפֵּינוּ וְלָשׁוֹן אֲשֶׁר שַׂמְתָּ בְּפִינוּ הֵן הֵם יוֹדוּ וִיבָרְכוּ וִישַׁבְּחוּ וִיפָאֲרוּ אֶת־שִׁמְךָ מַלְכֵּנוּ תָּמִיד כִּי כָל־פֶּה לְךָ יוֹדֶה וְכָל־לָשׁוֹן לְךָ תְשַׁבֵּחַ וְכָל־עַיִן לְךָ תְצַפֶּה וְכָל־בֶּרֶךְ לְךָ תִכְרַע וְכָל־קוֹמָה לְפָנֶיךָ תִשְׁתַּחֲוֶה וְהַלְּבָבוֹת יִירָאוּךָ וְהַקֶּרֶב וְהַכְּלָיוֹת יְזַמְּרוּ לִשְׁמֶךָ. כַּדָּבָר שֶׁנֶּאֱמַר: כָּל עַצְמוֹתַי תֹּאמַרְנָה ה׳ מִי כָמוֹךָ. מַצִּיל עָנִי מֵחָזָק מִמֶּנּוּ וְעָנִי וְאֶבְיוֹן מִגֹּזְלוֹ:

שַׁוְעַת עֲנִיִּים אַתָּה תִשְׁמַע צַעֲקַת הַדַּל תַּקְשִׁיב וְתוֹשִׁיעַ וְכָתוּב: רַנְּנוּ צַדִּיקִים בַּה׳ לַיְשָׁרִים נָאוָה תְהִלָּה:

בְּפִי	יְ שָׁרִים	תִּתְ ר וֹמָם:
וּבְשִׂפְתֵי	צַ דִּיקִים	תִּתְ בָּ רַךְ:
וּבִלְשׁוֹן	חֲ סִידִים	תִּתְ קַ דָּשׁ:
וּבְקֶרֶב	קְ דוֹשִׁים	תִּתְ הַ לָּל:

בְּמַקְהֲלוֹת רִבְבוֹת עַמְּךָ בֵּית יִשְׂרָאֵל שֶׁכֵּן חוֹבַת כָּל־הַיְצוּרִים לְפָנֶיךָ ה׳ אֱלֹקֵינוּ וֵאלֹקֵי אֲבוֹתֵינוּ לְהוֹדוֹת לְהַלֵּל לְשַׁבֵּחַ לְפָאֵר לְרוֹמֵם לְהַדֵּר וּלְנַצֵּחַ עַל כָּל־דִּבְרֵי שִׁירוֹת וְתִשְׁבְּחוֹת דָּוִד בֶּן־יִשַׁי עַבְדְּךָ מְשִׁיחֶךָ: וּבְכֵן . . .

יִשְׁתַּבַּח שִׁמְךָ לָעַד מַלְכֵּנוּ הָאֵ.ל הַמֶּלֶךְ הַגָּדוֹל וְהַקָּדוֹשׁ בַּשָּׁמַיִם וּבָאָרֶץ כִּי־לְךָ נָאֶה ה׳ אֱלֹקֵינוּ וֵאלֹקֵי אֲבוֹתֵינוּ לְעוֹלָם וָעֶד: שִׁיר וּשְׁבָחָה הַלֵּל וְזִמְרָה עֹז וּמֶמְשָׁלָה נֶצַח גְּדֻלָּה גְּבוּרָה תְּהִלָּה וְתִפְאֶרֶת קְדֻשָּׁה וּמַלְכוּת. בְּרָכוֹת וְהוֹדָאוֹת לְשִׁמְךָ הַגָּדוֹל וְהַקָּדוֹשׁ וּמֵעוֹלָם וְעַד־עוֹלָם אַתָּה אֵ.ל:

יְהַלְלוּךָ ה׳ אֱלֹקֵינוּ כָּל־מַעֲשֶׂיךָ וַחֲסִידֶיךָ וְצַדִּיקִים עוֹשֵׂי רְצוֹנֶךָ וְעַמְּךָ בֵּית־יִשְׂרָאֵל כֻּלָּם בְּרִנָּה יוֹדוּ וִיבָרְכוּ וִישַׁבְּחוּ וִיפָאֲרוּ אֶת־שֵׁם כְּבוֹדֶךָ כִּי לְךָ טוֹב לְהוֹדוֹת וּלְשִׁמְךָ נָעִים לְזַמֵּר וּמֵעוֹלָם וְעַד עוֹלָם אַתָּה אֵ.ל:
בָּרוּךְ אַתָּה ה׳, מֶלֶךְ מְהֻלָּל בַּתִּשְׁבָּחוֹת:

We drink the fourth cup of wine, leaning to the left. Then we say the בְּרָכָה אַחֲרוֹנָה:

בָּרוּךְ אַתָּה ה׳ אֱלֹקֵינוּ מֶלֶךְ הָעוֹלָם עַל־הַגֶּפֶן וְעַל פְּרִי הַגֶּפֶן
וְעַל תְּנוּבַת הַשָּׂדֶה וְעַל־אֶרֶץ חֶמְדָּה טוֹבָה וּרְחָבָה שֶׁרָצִיתָ וְהִנְחַלְתָּ
לַאֲבוֹתֵינוּ לֶאֱכוֹל מִפִּרְיָהּ וְלִשְׂבּוֹעַ מִטּוּבָהּ. רַחֵם ה׳ אֱלֹקֵינוּ עָלֵינוּ
וְעַל־יִשְׂרָאֵל עַמֶּךָ וְעַל־יְרוּשָׁלַיִם עִירֶךָ וְעַל־הַר צִיּוֹן מִשְׁכַּן כְּבוֹדָךְ
וְעַל־מִזְבְּחָךְ וְעַל־הֵיכָלָךְ. וּבְנֵה יְרוּשָׁלַיִם עִיר הַקֹּדֶשׁ בִּמְהֵרָה בְיָמֵינוּ וְהַעֲלֵנוּ
לְתוֹכָהּ וְשַׂמְּחֵנוּ בְּבִנְיָנָהּ וּנְבָרֶכְךָ עָלֶיהָ בִּקְדוּשָּׁה וּבְטָהֳרָה

On שַׁבָּת we say:
וּרְצֵה וְהַחֲלִיצֵנוּ בְּיוֹם הַשַּׁבָּת הַזֶּה

וְשַׂמְּחֵנוּ בְּיוֹם חַג הַמַּצּוֹת הַזֶּה בְּיוֹם טוֹב מִקְרָא קֹדֶשׁ הַזֶּה.
כִּי אַתָּה טוֹב וּמֵטִיב לַכֹּל וְנוֹדֶה לְּךָ ה׳ אֱלֹקֵינוּ עַל־הָאָרֶץ וְעַל־פְּרִי הַגֶּפֶן.
בָּרוּךְ אַתָּה ה׳ עַל הָאָרֶץ וְעַל פְּרִי הַגֶּפֶן:

ד׳ כּוֹסוֹת

Why did we drink four cups of wine tonight?

On this night, we act like wealthy people who drink wine with their meals. We drink four cups to show the four ways ה׳ said he would take us out of מִצְרַיִם:

וְהוֹצֵאתִי - And I Will Bring You Out
וְהִצַּלְתִּי - And I Will Save You
וְגָאַלְתִּי - And I Will Redeem You
וְלָקַחְתִּי - And I Will Take You

נִרְצָה

Nirtzah - Singing Songs Of Praise To ה׳

We sing songs to ה׳ and hope that He has accepted our תְּפִילוֹת. Many people say שִׁיר הַשִּׁירִים and other songs too. שִׁיר הַשִּׁירִים discusses how much we love ה׳ and how much He loves us, the בְּנֵי יִשְׂרָאֵל.

שִׁיר הַשִּׁירִים

פרק א׳

א׳ שִׁיר הַשִּׁירִים אֲשֶׁר לִשְׁלֹמֹה: ב׳ יִשָּׁקֵנִי מִנְּשִׁיקוֹת פִּיהוּ כִּי־טוֹבִים דֹּדֶיךָ מִיָּיִן: ג׳ לְרֵיחַ
שְׁמָנֶיךָ טוֹבִים שֶׁמֶן תּוּרַק שְׁמֶךָ עַל־כֵּן עֲלָמוֹת אֲהֵבוּךָ: ד׳ מָשְׁכֵנִי אַחֲרֶיךָ נָּרוּצָה הֱבִיאַנִי
הַמֶּלֶךְ חֲדָרָיו נָגִילָה וְנִשְׂמְחָה בָּךְ נַזְכִּירָה דֹדֶיךָ מִיַּיִן מֵישָׁרִים אֲהֵבוּךָ: ה׳ שְׁחוֹרָה אֲנִי
וְנָאוָה בְּנוֹת יְרוּשָׁלָםִ כְּאָהֳלֵי קֵדָר כִּירִיעוֹת שְׁלֹמֹה: ו׳ אַל־תִּרְאוּנִי שֶׁאֲנִי שְׁחַרְחֹרֶת
שֶׁשֱּׁזָפַתְנִי הַשָּׁמֶשׁ בְּנֵי אִמִּי נִחֲרוּ־בִי שָׂמֻנִי נֹטֵרָה אֶת־הַכְּרָמִים כַּרְמִי שֶׁלִּי לֹא נָטָרְתִּי: ז׳
הַגִּידָה לִּי שֶׁאָהֲבָה נַפְשִׁי אֵיכָה תִרְעֶה אֵיכָה תַּרְבִּיץ בַּצָּהֳרָיִם שַׁלָּמָה אֶהְיֶה כְּעֹטְיָה עַל
עֶדְרֵי חֲבֵרֶיךָ: ח׳ אִם־לֹא תֵדְעִי לָךְ הַיָּפָה בַּנָּשִׁים צְאִי־לָךְ בְּעִקְבֵי הַצֹּאן וּרְעִי אֶת־גְּדִיֹּתַיִךְ
עַל מִשְׁכְּנוֹת הָרֹעִים: ט׳ לְסֻסָתִי בְּרִכְבֵי פַרְעֹה דִּמִּיתִיךְ רַעְיָתִי: י׳ נָאווּ לְחָיַיִךְ בַּתֹּרִים
צַוָּארֵךְ בַּחֲרוּזִים: י״א תּוֹרֵי זָהָב נַעֲשֶׂה־לָּךְ עִם נְקֻדּוֹת הַכָּסֶף: י״ב עַד־שֶׁהַמֶּלֶךְ בִּמְסִבּוֹ נִרְדִּי
נָתַן רֵיחוֹ: י״ג צְרוֹר הַמֹּר דּוֹדִי לִי בֵּין שָׁדַי יָלִין: י״ד אֶשְׁכֹּל הַכֹּפֶר דּוֹדִי לִי בְּכַרְמֵי עֵין גֶּדִי:
ט״ו הִנָּךְ יָפָה רַעְיָתִי הִנָּךְ יָפָה עֵינַיִךְ יוֹנִים: ט״ז הִנְּךָ יָפֶה דוֹדִי אַף נָעִים אַף־עַרְשֵׂנוּ רַעֲנָנָה:
י״ז קֹרוֹת בָּתֵּינוּ אֲרָזִים רַחִיטֵנוּ [רַהִיטֵנוּ] בְּרוֹתִים:

פרק ב׳

א׳ אֲנִי חֲבַצֶּלֶת הַשָּׁרוֹן שׁוֹשַׁנַּת הָעֲמָקִים: ב׳ כְּשׁוֹשַׁנָּה בֵּין הַחוֹחִים כֵּן רַעְיָתִי בֵּין הַבָּנוֹת: ג׳
כְּתַפּוּחַ בַּעֲצֵי הַיַּעַר כֵּן דּוֹדִי בֵּין הַבָּנִים בְּצִלּוֹ חִמַּדְתִּי וְיָשַׁבְתִּי וּפִרְיוֹ מָתוֹק לְחִכִּי:
ד׳ הֱבִיאַנִי אֶל־בֵּית הַיָּיִן וְדִגְלוֹ עָלַי אַהֲבָה: ה׳ סַמְּכוּנִי בָּאֲשִׁישׁוֹת רַפְּדוּנִי בַּתַּפּוּחִים
כִּי־חוֹלַת אַהֲבָה אָנִי: ו׳ שְׂמֹאלוֹ תַּחַת לְרֹאשִׁי וִימִינוֹ תְּחַבְּקֵנִי: ז׳ הִשְׁבַּעְתִּי אֶתְכֶם בְּנוֹת
יְרוּשָׁלַםִ בִּצְבָאוֹת אוֹ בְּאַיְלוֹת הַשָּׂדֶה אִם־תָּעִירוּ וְאִם־תְּעוֹרְרוּ אֶת־הָאַהֲבָה עַד
שֶׁתֶּחְפָּץ: ח׳ קוֹל דּוֹדִי הִנֵּה־זֶה בָּא מְדַלֵּג עַל־הֶהָרִים מְקַפֵּץ עַל־הַגְּבָעוֹת: ט׳ דּוֹמֶה דוֹדִי
לִצְבִי אוֹ לְעֹפֶר הָאַיָּלִים הִנֵּה־זֶה עוֹמֵד אַחַר כָּתְלֵנוּ מַשְׁגִּיחַ מִן־הַחַלֹּנוֹת מֵצִיץ
מִן־הַחֲרַכִּים: י׳ עָנָה דוֹדִי וְאָמַר לִי קוּמִי לָךְ רַעְיָתִי יָפָתִי וּלְכִי־לָךְ: י״א כִּי־הִנֵּה הַסְּתָו [הַסְּתָיו]

עָבָר הַגֶּשֶׁם חָלַף הָלַךְ לוֹ: י״ב הַנִּצָּנִים נִרְאוּ בָאָרֶץ עֵת הַזָּמִיר הִגִּיעַ וְקוֹל הַתּוֹר נִשְׁמַע
בְּאַרְצֵנוּ: י״ג הַתְּאֵנָה חָנְטָה פַגֶּיהָ וְהַגְּפָנִים סְמָדַר נָתְנוּ רֵיחַ קוּמִי לָכִי [לָךְ] רַעְיָתִי יָפָתִי
וּלְכִי־לָךְ: י״ד יוֹנָתִי בְּחַגְוֵי הַסֶּלַע בְּסֵתֶר הַמַּדְרֵגָה הַרְאִינִי אֶת־מַרְאַיִךְ הַשְׁמִיעִינִי אֶת־קוֹלֵךְ
כִּי־קוֹלֵךְ עָרֵב וּמַרְאֵיךְ נָאוֶה: ט״ו אֶחֱזוּ־לָנוּ שׁוּעָלִים שׁוּעָלִים קְטַנִּים מְחַבְּלִים כְּרָמִים
וּכְרָמֵינוּ סְמָדַר: ט״ז דּוֹדִי לִי וַאֲנִי לוֹ הָרֹעֶה בַּשּׁוֹשַׁנִּים: י״ז עַד שֶׁיָּפוּחַ הַיּוֹם וְנָסוּ הַצְּלָלִים
סֹב דְּמֵה־לְךָ דוֹדִי לִצְבִי אוֹ לְעֹפֶר הָאַיָּלִים עַל־הָרֵי בָתֶר:

פרק ג׳

א׳ עַל־מִשְׁכָּבִי בַּלֵּילוֹת בִּקַּשְׁתִּי אֵת שֶׁאָהֲבָה נַפְשִׁי בִּקַּשְׁתִּיו וְלֹא מְצָאתִיו: ב׳ אָקוּמָה נָּא
וַאֲסוֹבְבָה בָעִיר בַּשְּׁוָקִים וּבָרְחֹבוֹת אֲבַקְשָׁה אֵת שֶׁאָהֲבָה נַפְשִׁי בִּקַּשְׁתִּיו וְלֹא מְצָאתִיו:
ג׳ מְצָאוּנִי הַשֹּׁמְרִים הַסֹּבְבִים בָּעִיר אֵת שֶׁאָהֲבָה נַפְשִׁי רְאִיתֶם: ד׳ כִּמְעַט שֶׁעָבַרְתִּי מֵהֶם
עַד שֶׁמָּצָאתִי אֵת שֶׁאָהֲבָה נַפְשִׁי אֲחַזְתִּיו וְלֹא אַרְפֶּנּוּ עַד־שֶׁהֲבֵיאתִיו אֶל־בֵּית אִמִּי
וְאֶל־חֶדֶר הוֹרָתִי: ה׳ הִשְׁבַּעְתִּי אֶתְכֶם בְּנוֹת יְרוּשָׁלַם בִּצְבָאוֹת אוֹ בְּאַיְלוֹת הַשָּׂדֶה
אִם־תָּעִירוּ וְאִם־תְּעוֹרְרוּ אֶת־הָאַהֲבָה עַד שֶׁתֶּחְפָּץ: ו׳ מִי זֹאת עֹלָה מִן־הַמִּדְבָּר כְּתִימֲרוֹת
עָשָׁן מְקֻטֶּרֶת מוֹר וּלְבוֹנָה מִכֹּל אַבְקַת רוֹכֵל: ז׳ הִנֵּה מִטָּתוֹ שֶׁלִּשְׁלֹמֹה שִׁשִּׁים גִּבֹּרִים
סָבִיב לָהּ מִגִּבֹּרֵי יִשְׂרָאֵל: ח׳ כֻּלָּם אֲחֻזֵי חֶרֶב מְלֻמְּדֵי מִלְחָמָה אִישׁ חַרְבּוֹ עַל־יְרֵכוֹ מִפַּחַד
בַּלֵּילוֹת: ט׳ אַפִּרְיוֹן עָשָׂה לוֹ הַמֶּלֶךְ שְׁלֹמֹה מֵעֲצֵי הַלְּבָנוֹן: י׳ עַמּוּדָיו עָשָׂה כֶסֶף רְפִידָתוֹ
זָהָב מֶרְכָּבוֹ אַרְגָּמָן תּוֹכוֹ רָצוּף אַהֲבָה מִבְּנוֹת יְרוּשָׁלָם: י״א צְאֶינָה וּרְאֶינָה בְּנוֹת צִיּוֹן
בַּמֶּלֶךְ שְׁלֹמֹה בָּעֲטָרָה שֶׁעִטְּרָה־לּוֹ אִמּוֹ בְּיוֹם חֲתֻנָּתוֹ וּבְיוֹם שִׂמְחַת לִבּוֹ:

פרק ד׳

א׳ הִנָּךְ יָפָה רַעְיָתִי הִנָּךְ יָפָה עֵינַיִךְ יוֹנִים מִבַּעַד לְצַמָּתֵךְ שַׂעְרֵךְ כְּעֵדֶר הָעִזִּים שֶׁגָּלְשׁוּ
מֵהַר גִּלְעָד: ב׳ שִׁנַּיִךְ כְּעֵדֶר הַקְּצוּבוֹת שֶׁעָלוּ מִן־הָרַחְצָה שֶׁכֻּלָּם מַתְאִימוֹת וְשַׁכֻּלָה אֵין
בָּהֶם: ג׳ כְּחוּט הַשָּׁנִי שִׂפְתֹתַיִךְ וּמִדְבָּרֵיךְ נָאוֶה כְּפֶלַח הָרִמּוֹן רַקָּתֵךְ מִבַּעַד לְצַמָּתֵךְ:
ד׳ כְּמִגְדַּל דָּוִיד צַוָּארֵךְ בָּנוּי לְתַלְפִּיּוֹת אֶלֶף הַמָּגֵן תָּלוּי עָלָיו כֹּל שִׁלְטֵי הַגִּבֹּרִים: ה׳ שְׁנֵי
שָׁדַיִךְ כִּשְׁנֵי עֳפָרִים תְּאוֹמֵי צְבִיָּה הָרוֹעִים בַּשּׁוֹשַׁנִּים: ו׳ עַד שֶׁיָּפוּחַ הַיּוֹם וְנָסוּ הַצְּלָלִים
אֵלֶךְ לִי אֶל־הַר הַמּוֹר וְאֶל־גִּבְעַת הַלְּבוֹנָה: ז׳ כֻּלָּךְ יָפָה רַעְיָתִי וּמוּם אֵין בָּךְ: ח׳ אִתִּי
מִלְּבָנוֹן כַּלָּה אִתִּי מִלְּבָנוֹן תָּבוֹאִי תָּשׁוּרִי מֵרֹאשׁ אֲמָנָה מֵרֹאשׁ שְׂנִיר וְחֶרְמוֹן מִמְּעֹנוֹת
אֲרָיוֹת מֵהַרְרֵי נְמֵרִים: ט׳ לִבַּבְתִּנִי אֲחֹתִי כַלָּה לִבַּבְתִּינִי בְּאַחַד [בְּאַחַת] מֵעֵינַיִךְ בְּאַחַד עֲנָק
מִצַּוְּרֹנָיִךְ: י׳ מַה־יָּפוּ דֹדַיִךְ אֲחֹתִי כַלָּה מַה־טֹּבוּ דֹדַיִךְ מִיַּיִן וְרֵיחַ שְׁמָנַיִךְ מִכָּל־בְּשָׂמִים:
י״א נֹפֶת תִּטֹּפְנָה שִׂפְתוֹתַיִךְ כַּלָּה דְּבַשׁ וְחָלָב תַּחַת לְשׁוֹנֵךְ וְרֵיחַ שַׂלְמֹתַיִךְ כְּרֵיחַ לְבָנוֹן:
י״ב גַּן נָעוּל אֲחֹתִי כַלָּה גַּל נָעוּל מַעְיָן חָתוּם: י״ג שְׁלָחַיִךְ פַּרְדֵּס רִמּוֹנִים עִם פְּרִי מְגָדִים
כְּפָרִים עִם־נְרָדִים: י״ד נֵרְדְּ וְכַרְכֹּם קָנֶה וְקִנָּמוֹן עִם כָּל־עֲצֵי לְבוֹנָה מֹר וַאֲהָלוֹת עִם
כָּל־רָאשֵׁי בְשָׂמִים: ט״ו מַעְיַן גַּנִּים בְּאֵר מַיִם חַיִּים וְנֹזְלִים מִן־לְבָנוֹן: ט״ז עוּרִי צָפוֹן וּבוֹאִי
תֵימָן הָפִיחִי גַנִּי יִזְּלוּ בְשָׂמָיו יָבֹא דוֹדִי לְגַנּוֹ וְיֹאכַל פְּרִי מְגָדָיו:

פרק ה׳

א׳ בָּאתִי לְגַנִּי אֲחֹתִי כַלָּה אָרִיתִי מוֹרִי עִם־בְּשָׂמִי אָכַלְתִּי יַעְרִי עִם־דִּבְשִׁי שָׁתִיתִי יֵינִי
עִם־חֲלָבִי אִכְלוּ רֵעִים שְׁתוּ וְשִׁכְרוּ דּוֹדִים׃ ב׳ אֲנִי יְשֵׁנָה וְלִבִּי עֵר קוֹל דּוֹדִי דוֹפֵק
פִּתְחִי־לִי אֲחֹתִי רַעְיָתִי יוֹנָתִי תַמָּתִי שֶׁרֹּאשִׁי נִמְלָא־טָל קְוֻצּוֹתַי רְסִיסֵי לָיְלָה׃ ג׳ פָּשַׁטְתִּי
אֶת־כֻּתָּנְתִּי אֵיכָכָה אֶלְבָּשֶׁנָּה רָחַצְתִּי אֶת־רַגְלַי אֵיכָכָה אֲטַנְּפֵם׃ ד׳ דּוֹדִי שָׁלַח יָדוֹ מִן־הַחֹר
וּמֵעַי הָמוּ עָלָיו׃ ה׳ קַמְתִּי אֲנִי לִפְתֹּחַ לְדוֹדִי וְיָדַי נָטְפוּ־מוֹר וְאֶצְבְּעֹתַי מוֹר עֹבֵר עַל
כַּפּוֹת הַמַּנְעוּל׃ ו׳ פָּתַחְתִּי אֲנִי לְדוֹדִי וְדוֹדִי חָמַק עָבָר נַפְשִׁי יָצְאָה בְדַבְּרוֹ בִּקַּשְׁתִּיהוּ וְלֹא
מְצָאתִיהוּ קְרָאתִיו וְלֹא עָנָנִי׃ ז׳ מְצָאֻנִי הַשֹּׁמְרִים הַסֹּבְבִים בָּעִיר הִכּוּנִי פְצָעוּנִי נָשְׂאוּ
אֶת־רְדִידִי מֵעָלַי שֹׁמְרֵי הַחֹמוֹת׃ ח׳ הִשְׁבַּעְתִּי אֶתְכֶם בְּנוֹת יְרוּשָׁלָםִ אִם־תִּמְצְאוּ אֶת־דּוֹדִי
מַה־תַּגִּידוּ לוֹ שֶׁחוֹלַת אַהֲבָה אָנִי׃ ט׳ מַה־דּוֹדֵךְ מִדּוֹד הַיָּפָה בַּנָּשִׁים מַה־דּוֹדֵךְ מִדּוֹד
שֶׁכָּכָה הִשְׁבַּעְתָּנוּ׃ י׳ דּוֹדִי צַח וְאָדוֹם דָּגוּל מֵרְבָבָה׃ י״א רֹאשׁוֹ כֶּתֶם פָּז קְוֻצּוֹתָיו תַּלְתַּלִּים
שְׁחֹרוֹת כָּעוֹרֵב׃ י״ב עֵינָיו כְּיוֹנִים עַל־אֲפִיקֵי מָיִם רֹחֲצוֹת בֶּחָלָב יֹשְׁבוֹת עַל־מִלֵּאת׃ י״ג לְחָיָו
כַּעֲרוּגַת הַבֹּשֶׂם מִגְדְּלוֹת מֶרְקָחִים שִׂפְתוֹתָיו שׁוֹשַׁנִּים נֹטְפוֹת מוֹר עֹבֵר׃ י״ד יָדָיו גְּלִילֵי
זָהָב מְמֻלָּאִים בַּתַּרְשִׁישׁ מֵעָיו עֶשֶׁת שֵׁן מְעֻלֶּפֶת סַפִּירִים׃ ט״ו שׁוֹקָיו עַמּוּדֵי שֵׁשׁ מְיֻסָּדִים
עַל־אַדְנֵי־פָז מַרְאֵהוּ כַּלְּבָנוֹן בָּחוּר כָּאֲרָזִים׃ ט״ז חִכּוֹ מַמְתַקִּים וְכֻלּוֹ מַחֲמַדִּים זֶה דוֹדִי וְזֶה
רֵעִי בְּנוֹת יְרוּשָׁלָםִ׃

פרק ו׳

א׳ אָנָה הָלַךְ דּוֹדֵךְ הַיָּפָה בַּנָּשִׁים אָנָה פָּנָה דוֹדֵךְ וּנְבַקְשֶׁנּוּ עִמָּךְ׃ ב׳ דּוֹדִי יָרַד לְגַנּוֹ
לַעֲרוּגוֹת הַבֹּשֶׂם לִרְעוֹת בַּגַּנִּים וְלִלְקֹט שׁוֹשַׁנִּים׃ ג׳ אֲנִי לְדוֹדִי וְדוֹדִי לִי הָרֹעֶה בַּשּׁוֹשַׁנִּים׃
ד׳ יָפָה אַתְּ רַעְיָתִי כְּתִרְצָה נָאוָה כִּירוּשָׁלָםִ אֲיֻמָּה כַּנִּדְגָּלוֹת׃ ה׳ הָסֵבִּי עֵינַיִךְ מִנֶּגְדִּי שֶׁהֵם
הִרְהִיבֻנִי שַׂעְרֵךְ כְּעֵדֶר הָעִזִּים שֶׁגָּלְשׁוּ מִן־הַגִּלְעָד׃ ו׳ שִׁנַּיִךְ כְּעֵדֶר הָרְחֵלִים שֶׁעָלוּ
מִן־הָרַחְצָה שֶׁכֻּלָּם מַתְאִימוֹת וְשַׁכֻּלָה אֵין בָּהֶם׃ ז׳ כְּפֶלַח הָרִמּוֹן רַקָּתֵךְ מִבַּעַד לְצַמָּתֵךְ׃
ח׳ שִׁשִּׁים הֵמָּה מְלָכוֹת וּשְׁמֹנִים פִּילַגְשִׁים וַעֲלָמוֹת אֵין מִסְפָּר׃ ט׳ אַחַת הִיא יוֹנָתִי תַמָּתִי
אַחַת הִיא לְאִמָּהּ בָּרָה הִיא לְיוֹלַדְתָּהּ רָאוּהָ בָנוֹת וַיְאַשְּׁרוּהָ מְלָכוֹת וּפִילַגְשִׁים
וַיְהַלְלוּהָ׃ י׳ מִי־זֹאת הַנִּשְׁקָפָה כְּמוֹ־שָׁחַר יָפָה כַלְּבָנָה בָּרָה כַּחַמָּה אֲיֻמָּה כַּנִּדְגָּלוֹת׃
י״א אֶל־גִּנַּת אֱגוֹז יָרַדְתִּי לִרְאוֹת בְּאִבֵּי הַנָּחַל לִרְאוֹת הֲפָרְחָה הַגֶּפֶן הֵנֵצוּ הָרִמֹּנִים׃ י״ב לֹא
יָדַעְתִּי נַפְשִׁי שָׂמַתְנִי מַרְכְּבוֹת עַמִּי־נָדִיב׃

פרק ז׳

א׳ שׁוּבִי שׁוּבִי הַשּׁוּלַמִּית שׁוּבִי שׁוּבִי וְנֶחֱזֶה־בָּךְ מַה־תֶּחֱזוּ בַּשּׁוּלַמִּית כִּמְחֹלַת הַמַּחֲנָיִם׃
ב׳ מַה־יָּפוּ פְעָמַיִךְ בַּנְּעָלִים בַּת־נָדִיב חַמּוּקֵי יְרֵכַיִךְ כְּמוֹ חֲלָאִים מַעֲשֵׂה יְדֵי אָמָּן׃ ג׳ שָׁרְרֵךְ
אַגַּן הַסַּהַר אַל־יֶחְסַר הַמָּזֶג בִּטְנֵךְ עֲרֵמַת חִטִּים סוּגָה בַּשּׁוֹשַׁנִּים׃ ד׳ שְׁנֵי שָׁדַיִךְ כִּשְׁנֵי
עֳפָרִים תָּאֳמֵי צְבִיָּה׃ ה׳ צַוָּארֵךְ כְּמִגְדַּל הַשֵּׁן עֵינַיִךְ בְּרֵכוֹת בְּחֶשְׁבּוֹן עַל־שַׁעַר בַּת־רַבִּים
אַפֵּךְ כְּמִגְדַּל הַלְּבָנוֹן צוֹפֶה פְּנֵי דַמָּשֶׂק׃ ו׳ רֹאשֵׁךְ עָלַיִךְ כַּכַּרְמֶל וְדַלַּת רֹאשֵׁךְ כָּאַרְגָּמָן
מֶלֶךְ אָסוּר בָּרְהָטִים׃ ז׳ מַה־יָּפִית וּמַה־נָּעַמְתְּ אַהֲבָה בַּתַּעֲנוּגִים׃ ח׳ זֹאת קוֹמָתֵךְ דָּמְתָה

לְתָמָר וְשָׁדַיִךְ לְאַשְׁכֹּלוֹת: ט׳ אָמַרְתִּי אֶעֱלֶה בְתָמָר אֹחֲזָה בְּסַנְסִנָּיו וְיִהְיוּ־נָא שָׁדַיִךְ
כְּאֶשְׁכְּלוֹת הַגֶּפֶן וְרֵיחַ אַפֵּךְ כַּתַּפּוּחִים: י׳ וְחִכֵּךְ כְּיֵין הַטּוֹב הוֹלֵךְ לְדוֹדִי לְמֵישָׁרִים דּוֹבֵב
שִׂפְתֵי יְשֵׁנִים: י״א אֲנִי לְדוֹדִי וְעָלַי תְּשׁוּקָתוֹ: י״ב לְכָה דוֹדִי נֵצֵא הַשָּׂדֶה נָלִינָה בַּכְּפָרִים:
י״ג נַשְׁכִּימָה לַכְּרָמִים נִרְאֶה אִם פָּרְחָה הַגֶּפֶן פִּתַּח הַסְּמָדַר הֵנֵצוּ הָרִמּוֹנִים שָׁם אֶתֵּן
אֶת־דֹּדַי לָךְ: י״ד הַדּוּדָאִים נָתְנוּ־רֵיחַ וְעַל־פְּתָחֵינוּ כָּל־מְגָדִים חֲדָשִׁים גַּם־יְשָׁנִים דּוֹדִי
צָפַנְתִּי לָךְ:

פרק ח׳

א׳ מִי יִתֶּנְךָ כְּאָח לִי יוֹנֵק שְׁדֵי אִמִּי אֶמְצָאֲךָ בַחוּץ אֶשָּׁקְךָ גַּם לֹא־יָבוּזוּ לִי: ב׳ אֶנְהָגֲךָ
אֲבִיאֲךָ אֶל־בֵּית אִמִּי תְּלַמְּדֵנִי אַשְׁקְךָ מִיַּיִן הָרֶקַח מֵעֲסִיס רִמֹּנִי: ג׳ שְׂמֹאלוֹ תַּחַת רֹאשִׁי
וִימִינוֹ תְּחַבְּקֵנִי: ד׳ הִשְׁבַּעְתִּי אֶתְכֶם בְּנוֹת יְרוּשָׁלָםִ מַה־תָּעִירוּ וּמַה־תְּעֹרְרוּ אֶת־הָאַהֲבָה
עַד שֶׁתֶּחְפָּץ: ה׳ מִי זֹאת עֹלָה מִן־הַמִּדְבָּר מִתְרַפֶּקֶת עַל־דּוֹדָהּ תַּחַת הַתַּפּוּחַ עוֹרַרְתִּיךָ
שָׁמָּה חִבְּלַתְךָ אִמֶּךָ שָׁמָּה חִבְּלָה יְלָדַתְךָ: ו׳ שִׂימֵנִי כַחוֹתָם עַל־לִבֶּךָ כַּחוֹתָם עַל־זְרוֹעֶךָ
כִּי־עַזָּה כַמָּוֶת אַהֲבָה קָשָׁה כִשְׁאוֹל קִנְאָה רְשָׁפֶיהָ רִשְׁפֵּי אֵשׁ שַׁלְהֶבֶתְיָה: ז׳ מַיִם רַבִּים לֹא
יוּכְלוּ לְכַבּוֹת אֶת־הָאַהֲבָה וּנְהָרוֹת לֹא יִשְׁטְפוּהָ אִם־יִתֵּן אִישׁ אֶת־כָּל־הוֹן בֵּיתוֹ בָּאַהֲבָה
בּוֹז יָבוּזוּ לוֹ: ח׳ אָחוֹת לָנוּ קְטַנָּה וְשָׁדַיִם אֵין לָהּ מַה־נַּעֲשֶׂה לַאֲחֹתֵנוּ בַּיּוֹם שֶׁיְּדֻבַּר־בָּהּ:
ט׳ אִם־חוֹמָה הִיא נִבְנֶה עָלֶיהָ טִירַת כָּסֶף וְאִם־דֶּלֶת הִיא נָצוּר עָלֶיהָ לוּחַ אָרֶז: י׳ אֲנִי
חוֹמָה וְשָׁדַי כַּמִּגְדָּלוֹת אָז הָיִיתִי בְעֵינָיו כְּמוֹצְאֵת שָׁלוֹם: י״א כֶּרֶם הָיָה לִשְׁלֹמֹה בְּבַעַל
הָמוֹן נָתַן אֶת־הַכֶּרֶם לַנֹּטְרִים אִישׁ יָבִא בְּפִרְיוֹ אֶלֶף כָּסֶף: י״ב כַּרְמִי שֶׁלִּי לְפָנָי הָאֶלֶף לְךָ
שְׁלֹמֹה וּמָאתַיִם לְנֹטְרִים אֶת־פִּרְיוֹ: י״ג הַיּוֹשֶׁבֶת בַּגַּנִּים חֲבֵרִים מַקְשִׁיבִים לְקוֹלֵךְ
הַשְׁמִיעִנִי: י״ד בְּרַח | דּוֹדִי וּדְמֵה־לְךָ לִצְבִי אוֹ לְעֹפֶר הָאַיָּלִים עַל הָרֵי בְשָׂמִים:

יָחִיד נוֹרָא

This song tells about many of the special things we do on פֶּסַח, and of some of the special things that ה׳ has done for us!

יָחִיד נוֹרָא נֶפֶשׁ כָּל־חַי בְּיָדוֹ. וְהוּא מֵקִיץ וּמְעוֹרֵר לְכָל־נִרְדָּם.
יוֹדוּ לַה׳ חַסְדּוֹ וְנִפְלְאוֹתָיו לִבְנֵי־אָדָם:

הַלֵּל גָּמוּר עִם הַקֹּדֶשׁ. קַדֵּשׁ וּרְחַץ הַיָּדַיִם. בְּנִיסָן הוּא רֹאשׁ כָּל־חֹדֶשׁ.
אֵ.ל הוֹצִיאָנוּ מִמִּצְרַיִם. חַי בַּעֲדִי עֲדָיִים:

וַיּוֹשַׁע ה׳ אֶת עַמּוֹ. וְשָׂם עֲלֵיהֶם אֶת עֵדִים. כִּי הוּא מֶלֶךְ חַי וְקַיָּם.
וּפַרְעֹה וְחֵילוֹ וְכָל־עַמּוֹ. יָרֹה יָרָה בְּתוֹךְ הַיָּם:

הָרֵם קוֹלְךָ וְסַפֵּר לְבִנְךָ. אֶת יוֹם צֵאתְךָ.
וְהָעֹמֶר תְּהִיא סוֹפֵר מִמָּחֳרַת שַׁבַּתְּךָ:

אֱמוּנִים

This song speaks about the מִצְוָה of קָרְבַּן פֶּסַח. Some have the custom to sing it during "מַגִּיד", right after the paragraph of "פֶּסַח שֶׁהָיוּ אֲבוֹתֵינוּ".

אֱמוּנִים עִכְּרוּ שֶׁבַח. לָאֵ.ל וְטִבְחוּ טֶבַח.
וַאֲמַרְתֶּם זֶבַח פֶּסַח הוּא לַה':

הֵרִימוּ קוֹל שִׁירִים. שִׂמְחוּ בְּלֵיל שִׁמּוּרִים. עַל מַצּוֹת וּמְרוֹרִים.
אִכְלוּ וּשְׁתוּ יֵינָי: וַאֲמַרְתֶּם זֶבַח פֶּסַח הוּא לַה':

רִאשׁוֹן לְכָל־רִאשׁוֹנִים. עַל יַד צִיר אֱמוּנִים. מִיַּד כָּל־מְעַנִּים.
הִצִּיל כָּל־הֲמוֹנָי: וַאֲמַרְתֶּם זֶבַח פֶּסַח הוּא לַה':

נִסֵּי אֵ.ל זָכַרְתִּי. וַחֲסָדָיו סִפַּרְתִּי. עַתָּה יָדַעְתִּי.
כִּי גָדוֹל ה': וַאֲמַרְתֶּם זֶבַח פֶּסַח הוּא לַה':

כְּכוֹכְבֵי הַשָּׁמַיִם. מְנַשֶּׁה וְאֶפְרַיִם. יָצְאוּ מִמִּצְרַיִם.
כָּל צִבְאוֹת ה': וַאֲמַרְתֶּם זֶבַח פֶּסַח הוּא לַה':

הִנְחִיל תּוֹרָתוֹ. לְעַמּוֹ וַעֲדָתוֹ. שׁוֹמְרֵי מִצְוָתוֹ.
עַם נוֹשַׁע בַּה': וַאֲמַרְתֶּם זֶבַח פֶּסַח הוּא לַה':

נִפְלָאִים מַעֲשֶׂיךָ. וַעֲצוּמִים נִסֶּיךָ. יֹאמְרוּ כָּל־חוֹסֶיךָ.
טוֹב לַחֲסוֹת בַּה': וַאֲמַרְתֶּם זֶבַח פֶּסַח הוּא לַה':

חַד גַּדְיָא, חַד גַּדְיָא

This song seems to be a simple story, but it has many secrets in it.

חַד גַּדְיָא, חַד גַּדְיָא - דְּזַבִּין אַבָּא בִּתְרֵי זוּזֵי, חַד גַּדְיָא, חַד גַּדְיָא.

וְאָתָא שׁוּנְרָא, וְאָכְלָה לְגַדְיָא, דְּזַבִּין אַבָּא בִּתְרֵי זוּזֵי, חַד גַּדְיָא, חַד גַּדְיָא.

וְאָתָא כַלְבָּא, וְנָשַׁךְ לְשׁוּנְרָא, דְּאָכְלָה לְגַדְיָא, דְּזַבִּין אַבָּא בִּתְרֵי זוּזֵי, חַד גַּדְיָא, חַד גַּדְיָא.

וְאָתָא חוּטְרָא, וְהִכָּה לְכַלְבָּא, דְּנָשַׁךְ לְשׁוּנְרָא, דְּאָכְלָה לְגַדְיָא, דְּזַבִּין אַבָּא בִּתְרֵי זוּזֵי, חַד גַּדְיָא, חַד גַּדְיָא.

וְאָתָא נוּרָא, וְשָׂרַף לְחוּטְרָא, דְּהִכָּה לְכַלְבָּא, דְּנָשַׁךְ לְשׁוּנְרָא, דְּאָכְלָה לְגַדְיָא, דְּזַבִּין אַבָּא בִּתְרֵי זוּזֵי, חַד גַּדְיָא, חַד גַּדְיָא.

וְאָתָא מַיָא, וְכָבָה לְנוּרָא, דְּשָׂרַף לְחוּטְרָא, דְהִכָּה לְכַלְבָּא, דְּנָשַׁךְ לְשׁוּנְרָא, דְּאָכְלָה לְגַדְיָא, דְּזַבִּין אַבָּא בִּתְרֵי זוּזֵי, חַד גַּדְיָא, חַד גַּדְיָא.

וְאָתָא תוֹרָא, וְשָׁתָא לְמַיָא, דְּכָבָה לְנוּרָא, דְּשָׂרַף לְחוּטְרָא, דְהִכָּה לְכַלְבָּא, דְּנָשַׁךְ לְשׁוּנְרָא, דְּאָכְלָה לְגַדְיָא, דְּזַבִּין אַבָּא בִּתְרֵי זוּזֵי, חַד גַּדְיָא, חַד גַּדְיָא.

וְאָתָא הַשּׁוֹחֵט, וְשָׁחַט לְתוֹרָא, דְּשָׁתָא לְמַיָא, דְּכָבָה לְנוּרָא, דְּשָׂרַף לְחוּטְרָא,דְהִכָּה לְכַלְבָּא, דְּנָשַׁךְ לְשׁוּנְרָא, הדְּאָכְלָה לְגַדְיָא, דְּזַבִּין אַבָּא בִּתְרֵי זוּזֵי, חַד גַּדְיָא, חַד גַּדְיָא.

וְאָתָא מַלְאַךְ הַמָּוֶת, וְשָׁחַט לְשׁוֹחֵט, דְּשָׁחַט לְתוֹרָא, דְּשָׁתָא לְמַיָא, דְּכָבָה לְנוּרָא, דְּשָׂרַף לְחוּטְרָא,דְהִכָּה לְכַלְבָּא, דְּנָשַׁךְ לְשׁוּנְרָא, דְּאָכְלָה לְגַדְיָא, דְּזַבִּין אַבָּא בִּתְרֵי זוּזֵי, חַד גַּדְיָא, חַד גַּדְיָא.

וְאָתָא הַקָּדוֹשׁ בָּרוּךְ הוּא, וְשָׁחַט לְמַלְאַךְ הַמָּוֶת, דְּשָׁחַט לְשׁוֹחֵט, דְּשָׁחַט לְתוֹרָא, דְּשָׁתָא לְמַיָא, דְּכָבָה לְנוּרָא, דְּשָׂרַף לְחוּטְרָא, דְּהִכָּה לְכַלְבָּא, דְּנָשַׁךְ לְשׁוּנְרָא, דְּאָכְלָה לְגַדְיָא, דְּזַבִּין אַבָּא בִּתְרֵי זוּזֵי, חַד גַּדְיָא, חַד גַּדְיָא.

אֶחָד מִי יוֹדֵעַ?

This song doesn't have to do with פֶּסַח at all, so why do we sing it?
One of the great Rebbes explains:

Most rich people are quiet about their money. They buy what they need without showing off all their wealth. Once, though, a rich man drank a little too much and was in a very happy mood and began to list off all his treasures and valuables.

Tonight, each of us is just like that rich man. We've just had four cups of wine and we're very happy that we have done so many מִצְוֹת tonight. Now *we* list off *our* treasures - a ה׳ who protects us, two לוּחוֹת from הַר סִינַי, three special אָבוֹת...

אֶחָד מִי יוֹדֵעַ? אֶחָד אֲנִי יוֹדֵעַ: אֶחָד אֱלֹקֵינוּ שֶׁבַּשָּׁמַיִם וּבָאָרֶץ.

שְׁנַיִם מִי יוֹדֵעַ? שְׁנַיִם אֲנִי יוֹדֵעַ: שְׁנֵי לֻחוֹת הַבְּרִית, אֶחָד אֱלֹקֵינוּ שֶׁבַּשָּׁמַיִם וּבָאָרֶץ.

שְׁלֹשָׁה מִי יוֹדֵעַ? שְׁלֹשָׁה אֲנִי יוֹדֵעַ: שְׁלֹשָׁה אָבוֹת, שְׁנֵי לֻחוֹת הַבְּרִית, אֶחָד אֱלֹקֵינוּ שֶׁבַּשָּׁמַיִם וּבָאָרֶץ.

אַרְבַּע מִי יוֹדֵעַ? אַרְבַּע אֲנִי יוֹדֵעַ: אַרְבַּע אִמָּהוֹת, שְׁלֹשָׁה אָבוֹת, שְׁנֵי לֻחוֹת הַבְּרִית, אֶחָד אֱלֹקֵינוּ שֶׁבַּשָּׁמַיִם וּבָאָרֶץ.

חֲמִשָּׁה מִי יוֹדֵעַ? חֲמִשָּׁה אֲנִי יוֹדֵעַ: חֲמִשָּׁה חוּמְשֵׁי תוֹרָה, אַרְבַּע אִמָּהוֹת, שְׁלֹשָׁה אָבוֹת, שְׁנֵי לֻחוֹת הַבְּרִית, אֶחָד אֱלֹקֵינוּ שֶׁבַּשָּׁמַיִם וּבָאָרֶץ.

שִׁשָּׁה מִי יוֹדֵעַ? שִׁשָּׁה אֲנִי יוֹדֵעַ: שִׁשָּׁה סִדְרֵי מִשְׁנָה, חֲמִשָּׁה חוּמְשֵׁי תוֹרָה, אַרְבַּע אִמָּהוֹת, שְׁלֹשָׁה אָבוֹת, שְׁנֵי לֻחוֹת הַבְּרִית, אֶחָד אֱלֹקֵינוּ שֶׁבַּשָּׁמַיִם וּבָאָרֶץ.

שִׁבְעָה מִי יוֹדֵעַ? שִׁבְעָה אֲנִי יוֹדֵעַ: שִׁבְעָה יְמֵי שַׁבַּתָּא, שִׁשָּׁה סִדְרֵי מִשְׁנָה, חֲמִשָּׁה חוּמְשֵׁי תוֹרָה, אַרְבַּע אִמָּהוֹת, שְׁלֹשָׁה אָבוֹת, שְׁנֵי לֻחוֹת הַבְּרִית, אֶחָד אֱלֹקֵינוּ שֶׁבַּשָּׁמַיִם וּבָאָרֶץ.

שְׁמוֹנָה מִי יוֹדֵעַ? שְׁמוֹנָה אֲנִי יוֹדֵעַ: שְׁמוֹנָה יְמֵי מִילָה, שִׁבְעָה יְמֵי שַׁבַּתָּא, שִׁשָּׁה סִדְרֵי מִשְׁנָה, חֲמִשָּׁה חוּמְשֵׁי תוֹרָה, אַרְבַּע אִמָּהוֹת, שְׁלֹשָׁה אָבוֹת, שְׁנֵי לֻחוֹת הַבְּרִית, אֶחָד אֱלֹקֵינוּ שֶׁבַּשָּׁמַיִם וּבָאָרֶץ.

תִּשְׁעָה מִי יוֹדֵעַ? תִּשְׁעָה אֲנִי יוֹדֵעַ: תִּשְׁעָה יַרְחֵי לֵדָה, שְׁמוֹנָה יְמֵי מִילָה, שִׁבְעָה יְמֵי שַׁבַּתָּא, שִׁשָּׁה סִדְרֵי מִשְׁנָה, חֲמִשָּׁה חוּמְשֵׁי תוֹרָה, אַרְבַּע אִמָּהוֹת, שְׁלֹשָׁה אָבוֹת, שְׁנֵי לֻחוֹת הַבְּרִית, אֶחָד אֱלֹקֵינוּ שֶׁבַּשָּׁמַיִם וּבָאָרֶץ.

עֲשָׂרָה מִי יוֹדֵעַ? עֲשָׂרָה אֲנִי יוֹדֵעַ: עֲשָׂרָה דִבְּרַיָּא, תִּשְׁעָה יַרְחֵי לֵדָה, שְׁמוֹנָה יְמֵי מִילָה, שִׁבְעָה יְמֵי שַׁבַּתָּא, שִׁשָּׁה סִדְרֵי מִשְׁנָה, חֲמִשָּׁה חוּמְשֵׁי תוֹרָה, אַרְבַּע אִמָּהוֹת, שְׁלֹשָׁה אָבוֹת, שְׁנֵי לֻחוֹת הַבְּרִית, אֶחָד אֱלֹקֵינוּ שֶׁבַּשָּׁמַיִם וּבָאָרֶץ.

אַחַד עָשָׂר מִי יוֹדֵעַ? אַחַד עָשָׂר אֲנִי יוֹדֵעַ: אַחַד עָשָׂר כּוֹכְבַיָּא, עֲשָׂרָה דִבְּרַיָּא, תִּשְׁעָה יַרְחֵי לֵדָה, שְׁמוֹנָה יְמֵי מִילָה, שִׁבְעָה יְמֵי שַׁבַּתָּא, שִׁשָּׁה סִדְרֵי מִשְׁנָה, חֲמִשָּׁה חוּמְשֵׁי תוֹרָה, אַרְבַּע אִמָּהוֹת, שְׁלֹשָׁה אָבוֹת, שְׁנֵי לֻחוֹת הַבְּרִית, אֶחָד אֱלֹקֵינוּ שֶׁבַּשָּׁמַיִם וּבָאָרֶץ.

שְׁנֵים עָשָׂר מִי יוֹדֵעַ? שְׁנֵים עָשָׂר אֲנִי יוֹדֵעַ: שְׁנֵים עָשָׂר שִׁבְטַיָּא, אַחַד עָשָׂר כּוֹכְבַיָּא, עֲשָׂרָה דִבְּרַיָּא, תִּשְׁעָה יַרְחֵי לֵדָה, שְׁמוֹנָה יְמֵי מִילָה, שִׁבְעָה יְמֵי שַׁבַּתָּא, שִׁשָּׁה סִדְרֵי מִשְׁנָה, חֲמִשָּׁה חוּמְשֵׁי תוֹרָה, אַרְבַּע אִמָּהוֹת, שְׁלֹשָׁה אָבוֹת, שְׁנֵי לֻחוֹת הַבְּרִית, אֶחָד אֱלֹקֵינוּ שֶׁבַּשָּׁמַיִם וּבָאָרֶץ.

שְׁלֹשָׁה עָשָׂר מִי יוֹדֵעַ ? שְׁלֹשָׁה עָשָׂר אֲנִי יוֹדֵעַ: שְׁלֹשָׁה עָשָׂר מִדַּיָּא, שְׁנֵים עָשָׂר שִׁבְטַיָּא, אַחַד עָשָׂר כּוֹכְבַיָּא, עֲשָׂרָה דִבְּרַיָּא, תִּשְׁעָה יַרְחֵי לֵדָה, שְׁמוֹנָה יְמֵי מִילָה, שִׁבְעָה יְמֵי שַׁבַּתָּא, שִׁשָּׁה סִדְרֵי מִשְׁנָה, חֲמִשָּׁה חוּמְשֵׁי תוֹרָה, אַרְבַּע אִמָּהוֹת, שְׁלֹשָׁה אָבוֹת, שְׁנֵי לֻחוֹת הַבְּרִית, אֶחָד אֱלֹקֵינוּ שֶׁבַּשָּׁמַיִם וּבָאָרֶץ.

Min Ye'lam Oomin Yidrie

Some people sing the song of אֶחָד מִי יוֹדֵעַ in Arabic. Here is the song, written in English letters:

Min Ye'lam Oomin Yidrie - Amah Rab Ilmoojali - En Enen Il Wahed - Wahed Rab Il Chalakna - Amah Hu Wahed.

Min Ye'lam Oomin Yidrie - Amah Rab Ilmoojali - En Enen Il T'nen - T'nen Mussah U Aharon - Wahed Rab Il Chalakna - Amah Hu Wahed.

Min Ye'lam Oomin Yidrie - Amah Rab Ilmoojali - En Enen Il Telateh - Telateh Abatnah - T'nen Mussah U Aharon - Wahed Rab Il Chalakna - Amah Hu Wahed.

Min Ye'lam Oomin Yidrie - Amah Rab Ilmoojali - En Enen Il Arba - Arba Imatnah - Telateh Abatnah - T'nen Mussah U Aharon - Wahed Rab Il Chalakna - Amah Hu Wahed.

Min Ye'lam Oomin Yidrie - Amah Rab Ilmoojali - En Enen Il Chamseh - Chamseh Imsahef Lil Torah - Arba Imatnah - Telateh Abatnah - T'nen Mussah U Aharon - Wahed Rab Il Chalakna - Amah Hu Wahed.

Min Ye'lam Oomin Yidrie - Amah Rab Ilmoojali - En Enen Il Sit - Sit iz Dedir Lil Mishnah - Chamseh Imsahef Lil Torah - Arba Imatnah - Telateh Abatnah - T'nen Mussah U Aharon - Wahed Rab Il Chalakna - Amah Hu Wahed.

Min Ye'lam Oomin Yidrie - Amah Rab Ilmoojali - En Enen Il Seb'it - Seb'it Eyem Lil Chupah - Sit iz Dedir Lil Mishnah - Chamseh Imsahef Lil Torah - Arba Imatnah - Telateh Abatnah - T'nen Mussah U Aharon - Wahed Rab Il Chalakna - Amah Hu Wahed.

Min Ye'lam Oomin Yidrie - Amah Rab Ilmoojali - En Enen Il Ti'men - Ti'men Eyem Lil Milah - Seb'it Eyem Lil Chupah - Sit iz Dedir Lil Mishnah - Chamseh Imsahef Lil Torah - Arba Imatnah - Telateh Abatnah - T'nen Mussah U Aharon - Wahed Rab Il Chlakna - Amah Hu Wahed.

Min Ye'lam Oomin Yidrie - Amah Rab Ilmoojali - En Enen Il Tesseh - Tesseh Teshor Lil Hibleh - Ti'men Eyem Lil Milah - Seb'it Eyem Lil Chupah - Sit iz Dedir Lil Mishnah - Chamseh Imsahef Lil Torah - Arba Imatnah - Telateh Abatnah - T'nen Mussah U Aharon - Wahed Rab Il Chalakna - Amah Hu Wahed.

Min Ye'lam Oomin Yidrie - Amah Rab Ilmoojali - En Enen Il Ashar - Ashar Kilmat La Torah - Tesseh Teshor Lil Hibleh - Ti'men Eyem Lil Milah - Seb'it Eyem Lil Chupah - Sit iz Dedir Lil Mishnah - Chamseh Imsahef Lil Torah - Arba Imatnah - Telateh Abatnah - T'nen Mussah U Aharon - Wahed Rab Il Chlakna - Amah Hu Wahed.

Min Ye'lam Oomin Yidrie - Amah Rab Ilmoojali - En Enen Il Ida'esh -Ida'esh Kokab Bil Samah - Ashar Kilmat La Torah - Tesseh Teshor Lil Hibleh - Ti'men Eyem Lil Milah - Seb'it Eyem Lil Chupah - Sit iz Dedir Lil Mishnah - Chamseh Imsahef Lil Torah - Arba Imatnah - Telateh Abatnah - T'nen Mussah U Aharon - Wahed Rab Il Chalakna - Amah Hu Wahed.

Min Ye'lam Oomin Yidrie - Amah Rab Ilmoojali - En Enen Il Tenash - Tenash Shebet Yisrael - Ida'esh Kokab Bil Samah - Ashar Kilmat La Torah - Tesseh Teshor Lil Hibleh - Ti'men Eyem Lil Milah - Seb'it Eyem Lil Chupah - Sit iz Dedir Lil Mishnah - Chamseh Imsahef Lil Torah - Arba Imatnah - Telateh Abatnah - T'nen Mussah U Aharon - Wahed Rab Il Chalakna - Amah Hu Wahed.

Min Ye'lam Oomin Yidrie - Amah Rab Ilmoojali - En Enen Il Tlatash - Tlatash Libs Il Tefillin - Tenash Shebet Yisrael - Ida'esh Kokab Bil Samah - Ashar Kilmat La Torah - Tesseh Teshor Lil Hibleh - Ti'men Eyem Lil Milah - Seb'it Eyem Lil Chupah - Sit iz Dedir Lil Mishnah - Chamseh Imsahef Lil Torah - Arba Imatnah - Telateh Abatnah - T'nen Mussah U Aharon - Wahed Rab Il Chalakna - Amah Hu Wahed. לְשָׁנָה הַבָּאָה בִּירוּשָׁלַיִם

קִידּוּשׁ הַיּוֹם

The Daytime Kidush

Before we may eat on יוֹם טוֹב we must say קִידּוּשׁ, just as we do on שַׁבָּת. This קִידּוּשׁ is said by one person (not like at the סֵדֶר), who is over בַּר מִצְוָה age. We say קִידּוּשׁ הַיּוֹם, the Daytime Kidush, while sitting.

אֵלֶּה מוֹעֲדֵי ה׳ מִקְרָאֵי קֹדֶשׁ אֲשֶׁר־תִּקְרְאוּ אֹתָם בְּמוֹעֲדָם:
שָׁלוֹשׁ פְּעָמִים בַּשָּׁנָה יֵרָאֶה כָל־זְכוּרְךָ אֶת־פְּנֵי ה׳ אֱלֹקֶיךָ
בַּמָּקוֹם אֲשֶׁר יִבְחָר
בְּחַג הַמַּצּוֹת וּבְחַג הַשָּׁבֻעוֹת וּבְחַג הַסֻּכּוֹת
וְלֹא יֵרָאֶה אֶת־פְּנֵי ה׳ רֵיקָם:
אִישׁ כְּמַתְּנַת יָדוֹ כְּבִרְכַּת ה׳ אֱלֹקֶךָ אֲשֶׁר נָתַן לָךְ:

On שַׁבָּת we add:

עַל־כֵּן בֵּרַךְ ה׳ אֶת־יוֹם הַשַּׁבָּת וַיְקַדְּשֵׁהוּ:

סַבְרִי מָרָנַן -- לְחַיִּים

בָּרוּךְ אַתָּה ה׳ אֱלֹקֵינוּ מֶלֶךְ הָעוֹלָם בּוֹרֵא פְּרִי הַגָּפֶן:

The one making קִידּוּשׁ drinks most of the cup. Whoever drinks from the cup of קִידּוּשׁ gets an extra מִצְוָה.

בְּרָכָה אַחֲרוֹנָה

After making קִידּוּשׁ, we must eat a meal's worth of food. If we wash and eat מַצָּה, that's fine; when we finish, we will say בִּרְכַּת הַמָּזוֹן.

If someone does not want to eat מַצָּה, he may eat other foods instead, and say a different בְּרָכָה אַחֲרוֹנָה.

If the food someone chooses to eat is one of three types of things, he will say the בִּרְכַּת מְעֵין שָׁלוֹשׁ, which takes the place of בִּרְכַּת הַמָּזוֹן. For everything else, and for almost all drinks, he says בּוֹרֵא נְפָשׁוֹת.

A person will say בִּרְכַּת מְעֵין שָׁלוֹשׁ after:

a) drinking three or more ounces of wine or grape juice. Just drinking the entire קִידּוּשׁ cup might be enough.

b) eating two ounces of a מְזוֹנוֹת food. This would include cakes or cookies that have been made from mazta meal. Rice is a special מְזוֹנוֹת food, though. It gets a מְזוֹנוֹת at the beginning, but a בּוֹרֵא נְפָשׁוֹת at the end.

c) eating two ounces of שִׁבְעַת הַמִּינִים fruit - the five types of fruit that ה׳ blessed אֶרֶץ יִשְׂרָאֵל with. These are: olives, dates, grapes, figs and pomegranates. All other types of fruits get a בּוֹרֵא נְפָשׁוֹת at the end.

בְּרָכַת מְעֵין שָׁלוֹשׁ

בָּרוּךְ אַתָּה ה' אֱלֹקֵינוּ מֶלֶךְ הָעוֹלָם:

After eating two ounces of a מְזוֹנוֹת food (not rice): עַל־הַמִּחְיָה וְעַל־הַכַּלְכָּלָה.

After drinking three ounces of wine or grape juice: עַל־הַגֶּפֶן וְעַל־פְּרִי הַגֶּפֶן.

After eating two ounces of שִׁבְעַת הַמִּינִים fruit: עַל־הָעֵץ וְעַל־פְּרִי הָעֵץ.

וְעַל־תְּנוּבַת הַשָּׂדֶה וְעַל־אֶרֶץ חֶמְדָּה טוֹבָה וּרְחָבָה שֶׁרָצִיתָ וְהִנְחַלְתָּ לַאֲבוֹתֵינוּ לֶאֱכוֹל מִפִּרְיָהּ וְלִשְׂבּוֹעַ מִטּוּבָהּ. רַחֵם ה' אֱלֹקֵינוּ עָלֵינוּ וְעַל־יִשְׂרָאֵל עַמֶּךָ וְעַל־יְרוּשָׁלַיִם עִירֶךָ וְעַל הַר־צִיּוֹן מִשְׁכַּן כְּבוֹדֶךָ וְעַל־מִזְבְּחֶךָ וְעַל־הֵיכָלֶךָ. וּבְנֵה יְרוּשָׁלַיִם עִיר הַקֹּדֶשׁ בִּמְהֵרָה בְיָמֵינוּ וְהַעֲלֵנוּ לְתוֹכָהּ וְשַׂמְּחֵנוּ בְּבִנְיָנָהּ וּנְבָרֶכְךָ עָלֶיהָ בִּקְדוּשָּׁה וּבְטָהֳרָה

On שַׁבָּת we add:
וּרְצֵה וְהַחֲלִיצֵנוּ בְּיוֹם הַשַּׁבָּת הַזֶּה

וְשַׂמְּחֵנוּ בְּיוֹם חַג הַמַּצּוֹת הַזֶּה. בְּיוֹם טוֹב מִקְרָא קֹדֶשׁ הַזֶּה.
כִּי אַתָּה טוֹב וּמֵטִיב לַכֹּל וְנוֹדֶה לְּךָ ה' אֱלֹקֵינוּ עַל־הָאָרֶץ וְעַל־

After eating two ounces of a מְזוֹנוֹת food (not rice):
הַמִּחְיָה וְעַל־הַכַּלְכָּלָה.
בָּרוּךְ אַתָּה ה' עַל־הָאָרֶץ וְעַל־הַמִּחְיָה:

After drinking 3 ounces of wine or grape juice:
פְּרִי הַגֶּפֶן.
בָּרוּךְ אַתָּה ה' עַל־הָאָרֶץ וְעַל־פְּרִי הַגֶּפֶן:

After eating two ounces of שִׁבְעַת הַמִּינִים fruit:
הַפֵּרוֹת.
בָּרוּךְ אַתָּה ה' עַל־הָאָרֶץ וְעַל־הַפֵּרוֹת:

בְּרָכַת בּוֹרֵא נְפָשׁוֹת

בָּרוּךְ אַתָּה ה' אֱלֹקֵינוּ מֶלֶךְ הָעוֹלָם בּוֹרֵא נְפָשׁוֹת רַבּוֹת וְחֶסְרוֹנָן עַל־כָּל־מַה שֶּׁבָּרָאתָ לְהַחֲיוֹת בָּהֶם נֶפֶשׁ כָּל־חָי. בָּרוּךְ חֵי הָעוֹלָמִים:

הלכות
פסח
לתלמידים
ברכת האילנות
בדיקת וביעור חמץ
טבילת כלים
ספירת העומר
תקון הטל
ערוב תבשילין
ערב פסח
The Laws Of
PESACH
For Students

<u>חודש ניסן</u> The entire month of נִיסָן is a happy month and we do not say any sad תְּפִילוֹת that mention our עֲבֵרוֹת - תַּחֲנוּנִים -in it. On the first day of נִיסָן, מֹשֶׁה רַבֵּינוּ set up the מִשְׁכָּן for the very first time, and over the next twelve days, the נָשִׂיא (the leader of each שֵׁבֶט) brought special קָרְבָּנוֹת. Since a different נָשִׂיא brought a קָרְבַּן each day, every day was a יוֹם טוֹב for his entire שֵׁבֶט.

The month of נִיסָן has two other names as well. It is called רֹאשׁ חֳדָשִׁים -the 'Head of the Months'. Since ה' took us out of מִצְרַיִם in it, נִיסָן became the most important month of the year. נִיסָן is also called חֹדֶשׁ הָאָבִיב, the Month of Spring.

<u>ברכת האילנות</u> During the spring-time, many types of fruit trees grow small flowers on their branches. When someone sees fruit trees that are flowering, he has a special בְּרָכָה to say. It's called **"The Blessing of the Trees" בִּרְכַּת הָאִילָנוֹת**.

We say this בְּרָכָה only once a year. Since the month of נִיסָן is also called חֹדֶשׁ הָאָבִיב (The Month of Spring), we usually say it during נִיסָן., but if someone sees flowering fruit trees in אֲדָר (which is before נִיסָן) or even in אִיַּר (which is after נִיסָן), he may still say this בְּרָכָה.

Both men and women say this בְּרָכָה.

If possible, it's best to say בִּרְכַּת הָאִילָנוֹת outside the city...but if it's too difficult, we may say it anywhere.

This special בְּרָכָה is said only when someone sees fruit trees. A tree that has no edible (eat-able) fruit may not be used for בִּרְכַּת הָאִילָנוֹת.

We may say the בְּרָכָה over one flowering fruit tree, but it's better if there are two or more. These two trees may be the same kind of tree, but two different types are better. For example, two apple trees would be fine; but a peach tree and an apple tree are even better.

Sometimes, people take "related" fruit-like oranges and grapefruits-and grow them together as <u>one plant</u>. This is called "grafting". One may not say בִּרְכַּת הָאִילָנוֹת on trees that are grafted.

If we are afraid that we won't be able to do the מִצְוָה later and it will be lost, we are allowed to say בִּרְכַּת הָאִילָנוֹת on שַׁבָּת and יום טוב - but be careful not to carry your סִידוּר outside on שַׁבָּת.

It's best to say the בְּרָכָה with a lot of people--but don't wait to get a group together! Say it as soon as you can!

After the flowers have fallen off, and fruit has begun to form, it is too late to say בִּרְכַּת הָאִילָנוֹת.

This is the בְּרָכָה we say, and what it means in English:

Blessed are you, ה׳,	בָּרוּךְ אַתָּה ה׳
Our G-d,	אֱלוֹקֵינוּ
King Of The Universe-	מֶלֶךְ הָעוֹלָם
For He Left Nothing Missing	שֶׁלֹּא חִסֵּר
In His World - At All;	בְּעוֹלָמוֹ כְּלוּם
And He Created In It	וּבָרָא בּוֹ
Good Creatures	בְּרִיּוֹת טוֹבוֹת
And Good Trees	וְאִילָנוֹת טוֹבוֹת
To Give Pleasure Through Them (for)	לֵיהָנוֹת בָּהֶם
Mankind.	בְּנֵי אָדָם:

<u>**שבת הגדול**</u> The שַׁבָּת before פֶּסַח is called שַׁבָּת הַגָּדוֹל, which means 'The Big Shabbat'. Before we left מִצְרַיִם, ה׳ commanded us to take a goat or lamb and to tie it to our beds. We did this on the שַׁבָּת before we left מִצְרַיִם. Even though the sheep was the עֲבוֹדָה זָרָה of the Egyptians, not a single מִצְרִי tried to stop us. To remember this big נֵס we call the שַׁבָּת before פֶּסַח- "שַׁבָּת הַגָּדוֹל".

There is a מִנְהָג, a custom, that the Rabbi of each shul to give an extra-special class about the laws of פֶּסַח.

בדיקת חמץ Before the night of the fourteenth of נִיסָן, we must be sure that all of our property is free and clear of חָמֵץ. This includes every place that might have had חָמֵץ in it, like closets and drawers and cabinets; and even some unusual places like pocketbooks, knapsacks, pockets--even "Korachas".

After the house has been scrubbed clean from any חָמֵץ, we are ready to begin the search for חָמֵץ-- בְּדִיקַת חָמֵץ.

Right after the stars come out on the evening of the fourteenth of נִיסָן (This is the night before, because we start each day with the evening before-like שַׁבָּת), we search for חָמֵץ by the light of a candle. This candle must have one wick - a הַבְדָלָה candle is a no-no.

A torch (and even a הַבְדָלָה candle) has a large flame. It is so big that we're afraid that a person won't search carefully with it - he might be too scared that it may catch fire to check carefully for חָמֵץ in corners. Also, a torch (yes, even a הַבְדָלָה candle, too) gives a lot of bright light - too much light to check with.

Regular electric lights may be left on during the בְּדִיקָה. In fact, some rabbis say that it is better to keep them on. Some people also use a flashlight to check under beds and in corners.

For half an hour before the time to search, one is not allowed to begin to eat a meal, although he may snack on fruit or coffee and cake. One may also not begin to do work or begin to learn תּוֹרָה at this time, because we are afraid that he may lose track of time and not do בְּדִיקַת חָמֵץ at the proper time.

It's best to pray עַרְבִית with a מִנְיָן before the search, but, if no מִנְיָן is available, or if he already missed it, he should first do the בְּדִיקַת חָמֵץ and pray עַרְבִית later.

The car usually gets a lot of חָמֵץ in it. It needs to be cleaned out and checked on the night of the fourteenth of נִיסָן too. The בְּרָכָה that we make when we check the house includes the car as well.

An office needs בְּדִיקַת חָמֵץ. A shul is checked without a בְּרָכָה.

Some people have the custom to hide ten pieces of חָמֵץ that have been wrapped up (so crumbs won't drop off) throughout the house that will be found during the בְּדִיקָה. But we **aren't** playing 'Treasure Hunt' just to find these ten pieces! This is a serious search for חָמֵץ in every part of the house!

Before we begin the בְּדִיקָה, we say the בְּרָכָה:

בָּרוּךְ אַתָּה ה׳ אֱלוֹקֵינוּ מֶלֶךְ הָעוֹלָם אֲשֶׁר קִדְּשָׁנוּ בְּמִצְוֹתָיו וְצִוָּנוּ
עַל בִּעוּר חָמֵץ:

Afterwards, we begin our careful search for חָמֵץ. It's best not to talk about other things if you don't have to.

After we finish [no rushing, please], we say "**כָּל חֲמִירָא**". This states that any חָמֵץ that we haven't seen isn't ours and is worthless. This must be said in a language that you understand. Some people say it three times.

If no one did the בְּדִיקָה on the night of the fourteenth of נִיסָן, the house must be checked the next day-on עֶרֶב פֶּסַח (Don't forget your candle!) with a בְּרָכָה. If not...check on חוֹל הַמּוֹעֵד! If not...check **after** **פֶּסַח** **is over**! If you check after פֶּסַח, it's **without** a בְּרָכָה.

Be VERY careful with those ten pieces of bread from the בְּדִיקָה and with any other חָמֵץ that you are saving. If some are missing, you **may** have to check your house **all over again**!

This is the **כָּל חֲמִירָא** that is said after **בְּדִיקַת חָמֵץ**. Some have the custom to say it three times.

All חָמֵץ	**כָּל חֲמִירָא**
that is within my property	**דְּאִיכָּא בִרְשׁוּתִי**
that has not been seen	**דְּלָא חֲזִיתֵיהּ**
and that has not been removed	**וּדְלָא בִיעַרְתֵּיהּ**
should be nullified (considered worthless)	**לִבְטִיל**
and it should be	**וְלֶהֱוֵי**
like the dust of the earth.	**כְּעַפְרָא דְאַרְעָא:**

בעור חמץ The morning of the fourteenth of נִיסָן (which is also עֶרֶב פֶּסַח), has the special מִצְוָה of "בִּעוּר חָמֵץ"-"DESTROYING THE חָמֵץ".

The חָמֵץ must be made inedible. There are four ways to do this.

1) By crumbling it up into pieces and throwing it to the wind.
2) By crumbling it and throwing it to the sea.
3) By burning.
4) By making it inedible by adding a poisonous substance to it - like alcohol.

Our custom is to burn the חָמֵץ. The חָמֵץ should be crumbled up and then burned until it is like charcoal and cannot be eaten. If it's not possible, pouring lighter fluid or alcohol will also make the חָמֵץ inedible. Women also have this מִצְוָה, so if someone has to go to work early in the morning, he can have his wife burn the חָמֵץ for him.

Some people use their לוּלָבִים from the past סֻכּוֹת to start their fire.

After the חָמֵץ has been burned, we again say a כָּל חֲמִירָא. This time it will include ALL of our חָמֵץ. Some have the custom to say this כָּל חֲמִירָא three times. This is the second כָּל חֲמִירָא:

All חָמֵץ	כָּל חֲמִירָא
that is within my property	דְאִיכָּא בִרְשׁוּתִי
that has been seen and has not been seen	דַחֲזִיתֵיהּ וּדְלָא חֲזִיתֵיהּ
that has been removed and that has not been removed	דְבִיעַרְתֵּהּ וּדְלָא בִיעַרְתֵּיהּ
should be nullified (considered worthless)	לִבְטִיל
and it should be	וְלֶהֱוֵי
like the dust of the earth.	כְּעַפְרָא דְאַרְעָא:

REMEMBER: IT IS DANGEROUS TO PLAY WITH FIRE! חָמֵץ SHOULD BE DESTROYED BY ADULTS-ONLY!

ערב פסח On עֶרֶב פֶּסַח we may not own any חָמֵץ after the end of the fifth hour, and we may not eat any חָמֵץ after the fourth hour of the day. From the fourth hour until the end of the fifth hour (which is mid-day) we may still feed the חָמֵץ to our animals or sell it to a non-Jew. At the end of the fifth hour-all left over חָמֵץ must be burned!

These hours are not regular hours! They are called שָׁעוֹת זְמָנִיוֹת and don't always have sixty minutes in them! To figure out שָׁעוֹת זְמָנִיוֹת, divide the total number of minutes from sunrise to sunset by twelve. Each of these twelve 'pieces' is one of the שָׁעוֹת זְמָנִיוֹת. In the winter, when the days are shorter, so are the שָׁעוֹת זְמָנִיוֹת. When the days are longer, each of the שָׁעוֹת זְמָנִיוֹת are, too.

For the entire day of עֶרֶב פֶּסַח we may not eat any מַצָּה. This is so we can eat the מַצָּה at the סֵדֶר with an appetite. We **may** eat egg-matzah on עֶרֶב פֶּסַח. Cake made from crushed מַצָּה, "Matzah Meal", may also be eaten.

No matter what we do eat, on עֶרֶב פֶּסַח we must be careful not to eat too much in the late afternoon - at מִנְחָה time. Someone might eat a little too much and still feel full by the סֵדֶר, then he won't be hungry for מַצָּה.

Some people may not eat at all on עֶרֶב פֶּסַח! The firstborn child of each family fasts on עֶרֶב פֶּסַח. This is to remember the big נֵס that ה׳ did for them when HE killed all of the firstborn מִצְרִים and saved the first-born יִשְׂרָאֵלִים. In some places, first-born girls also fast. If the first-born is too young to fast, his father fasts instead.

Nowadays, though, most 'first-borns' do not fast! The מִנְהַג is to allow firstborn children to eat after they take part in a סְעוּדַת מִצְוָה. This is a meal that we eat to celebrate a happy מִצְוָה which has happened; like a בְּרִית מִילָה or a פִּדְיוֹן הַבֵּן or a סִיוּם. A סִיוּם is when someone finishes learning a whole section (called a מַסֶּכְתָא) of גְמָרָא, or an entire section (called a סֵדֶר) of מִשְׁנָה.

The first-born should come to the סְעוּדַת מִצְוָה himself and eat an ounce of food (or more, if he's hungry), then he may eat all day long, just like everybody else - until late afternoon, at מִנְחָה time.

It's also important to remember to take a haircut. Once פֶּסַח begins we will not be able to take a haircut for over a month! Be sure to take your haircut before the middle of the day. There is a מִצְוָה to bathe or take a shower before every פֶּסַח-יוֹם טוֹב, too.

All preparations for the סֵדֶר should be completed during the day, and the table should be set, so that we may start right away when we come home from shul.

On the first two nights of פֶּסַח, we say the whole הַלֵּל, with the בְּרָכָה, in shul after the עֲמִידָה of עַרְבִית. On the Second Night of פֶּסַח, we also begin counting סְפִירַת הָעוֹמֶר.

<u>מצה שמורה</u> For the סֵדֶר, we use a special מַצָּה, called "מַצָּה שְׁמוּרָה". This means "Watched Matzah". This is called "שְׁמוּרָה" because it was guarded, and kept away from any water, from the time the wheat was cut from the field, until the מַצָּה was made. Since these מַצוֹת are being used for the מִצְוָה, they are made with this in mind! While they are working, the people baking the מַצָּה say, "לְשֵׁם מַצוֹת מִצְוָה" which means: "FOR THE SPECIAL מִצְוָה OF מַצָּה"

The water used to bake these מַצוֹת is special too. It is drawn from a well late in the afternoon on the day before it will be used. The water sits all night to cool down - warm water might make the dough become חָמֵץ more quickly. This water is called "מַיִם שֶׁלָּנוּ" - "Water That Stayed Overnight".

<u>חמץ שעבר עליו הפסח</u> If it happens that a Jewish person *does* have חָמֵץ that is his on פֶּסַח, no Jewish person may use this חָמֵץ ever - even after פֶּסַח! This is one reason we are careful to sell any חָמֵץ that we may have to a non-Jew. This חָמֵץ will be bought back after פֶּסַח. Since this is not a simple thing to do and because there are many laws concerning this, one should be sure to sell the חָמֵץ through the Rabbi - before the end of the fifth hour of the day.

Since no one can use חָמֵץ that was owned by a Jew on פֶּסַח, we have to be extra careful after פֶּסַח, to make sure to buy our חָמֵץ from stores owned by גוֹיִים or by Jewish people who have sold their חָמֵץ.

<u>המוצא חמץ בפסח</u> If someone finds חָמֵץ that is his on פֶּסַח, What should he do? Well, it depends on when he finds it. If the חָמֵץ is found on שַׁבָּת or יוֹם טוֹב - it may not be moved! It should be covered and after שַׁבָּת or יוֹם טוֹב - it should be burned or destroyed.

If the חָמֵץ was found on חוֹל הַמוֹעֵד - it should be burned or destroyed right away!

<u>מהו חמץ</u>

When water mixes with flour made from five grains, the dough will begin to rise if it is left alone. This rising is called "חִמוּץ", and after dough has

sat for eighteen minutes, it rises and becomes real חָמֵץ. Even the tiniest bit is אָסוּר and cannot be used or even owned on פֶּסַח. These five grains are:

חִטָּה	שְׂעוֹרָה	כּוּסֶמֶת	שִׁיפוֹן	שִׁבּוֹלֶת שׁוּעָל
Wheat	Barley	Spelt	Rye	Oats

<u>**כלי חמץ בפסח**</u> When we cook things, the heat causes the pot or dish to take in some flavor from the food being cooked. This flavor stays in the metal of the pot, and the next time the pot is used, some of the flavor goes out into the food! If someone used a pot or fork for חָמֵץ, that flavor would go into our food on פֶּסַח! Even an oven absorbs some חָמֵץ flavor, and needs to have it taken out.

Sometimes, after a כֶּלִי has been cleaned very well, the חָמֵץ can be taken out of the metal. Things that are used with hot liquids, like soup spoons, can be boiled in water. This is called הַגְעָלָה.

Things that are used *without* liquids, like barbecue grates that are used right over the fire, must be heated until they glow red hot. This is called לִבּוּן.

Some things can be made "כָּשֵׁר לְפֶּסַח" "KOSHER FOR PESAH" and some things cannot. Also, there are different things that must be done to different types of כֵּלִים, so if someone isn't 100% sure about what to do, he should ASK HIS RABBI!

Don't forget-when we buy new כֵּלִים for פֶּסַח they might need טְבִילַת כֵּלִים! The laws of טְבִילַת כֵּלִים can be found at the end of these sheets.

<u>**ערוב תבשילין**</u> Each day of יום טוב is a special holiday by itself. Because each day is almost like a different holiday, we may not prepare food on the first day of יום טוב for a different day, even for the next day of יום טוב!

This isn't so hard to watch out for, but what if the next day of יום טוב is שַׁבָּת? Or what if after two days of יום טוב comes a שַׁבָּת- what would we be able to eat, we're not allowed to prepare for שַׁבָּת! Our חֲכָמִים did not want us to go hungry on שַׁבָּת so we have a special מִצְוָה called "עֵרוּב תַּבְשִׁילִין".

Before יום טוב, we take two foods - one cooked and one baked - and set them aside, to be eaten on שַׁבָּת. Once we have done this, we show that we

have not forgotten that שַׁבָּת is coming and that we have started to prepare our food for שַׁבָּת **already** - and so we are allowed to continue.

How do we do the מִצְוָה of "עֵרוּב תַּבְשִׁילִין"?

● - Take two foods, one baked and one cooked. We usually choose an hard-boiled egg and a roll (if it's not פֶּסַח) or piece of מַצָּה. The roll (or piece of מַצָּה) should weigh at least two ounces.

● - Put them together and say the special בְּרָכָה:

בָּרוּךְ אַתָּה ה׳ אֱלֹקֵינוּ מֶלֶךְ הָעוֹלָם אֲשֶׁר קִדְּשָׁנוּ בְּמִצְוֹתָיו וְצִוָּנוּ

עַל מִצְוַת עֵרוּב:

● - And then say:

"With this עֵרוּב	בְּדֵין עֵרוּבָא
it should be permitted for us:	יְהֵא שָׁרֵא לָנָא
to bake	לַאֲפוּיֵי
and to cook,	וּלְבַשּׁוּלֵי
and to warm up food	וּלְאַטְמוּנֵי
and to light candles (from a flame that is still lit)	וּלְאַדְלוּקֵי שְׁרָגָא
and to do all that we need to prepare	וּלְמֶעֱבַד כָּל־צָרְכָנָא
from יוֹם טוֹב for שַׁבָּת"	מִיּוֹם טוֹב לְשַׁבָּת:

This explains what the עֵרוּב תַּבְשִׁילִין is for. It is written in אֲרָמִית (Aramaic) - the language of the גְּמָרָא.

● - This food is to be eaten with one of the meals on שַׁבָּת. Now we can prepare food for שַׁבָּת.

<u>**ספירת העומר**</u> On the second night of פֶּסַח - which is the sixteenth of נִיסָן, we begin a daily count of forty-nine days which ends with the יוֹם טוֹב of שָׁבוּעוֹת.

When the בֵּית הַמִּקְדָּשׁ was still standing, a special קָרְבָּן was brought on the sixteenth day of נִיסָן. This קָרְבָּן wasn't an animal, it was a small amount of שְׂעוֹרָה (barley) and it was called קָרְבָּן עוֹמֶר. The תּוֹרָה tells us that we must count seven weeks after this קָרְבָּן was brought. Nowadays, we cannot bring the קָרְבָּן עוֹמֶר, but we <u>can</u> do the counting. This is called: "סְפִירַת הָעוֹמֶר" -

"COUNTING THE עוֹמֶר"

We count the עוֹמֶר at night, as soon as it gets dark. Before we count, we say:

בָּרוּךְ אַתָּה ה׳ אֱלוֹקֵינוּ מֶלֶךְ הָעוֹלָם אֲשֶׁר קִדְּשָׁנוּ בְּמִצְוֹתָיו וְצִוָּנוּ

עַל סְפִירַת הָעוֹמֶר:

After we say the בְּרָכָה we say that day's number. We then say:

הָרַחֲמָן הוּא יַחֲזִיר עֲבוֹדַת בֵּית הַמִּקְדָּשׁ לִמְקוֹמָהּ בִּמְהֵרָה בְיָמֵינוּ אָמֵן:

and continue with לַמְנַצֵּחַ and אָנָּא בְּכֹחַ.

לַמְנַצֵּחַ בִּנְגִינוֹת מִזְמוֹר שִׁיר:
אֱלֹקִים יְחָנֵּנוּ וִיבָרְכֵנוּ יָאֵר פָּנָיו אִתָּנוּ סֶלָה:
לָדַעַת בָּאָרֶץ דַּרְכֶּךָ בְּכָל־גּוֹיִם יְשׁוּעָתֶךָ:
יוֹדוּךָ עַמִּים אֱלֹקִים יוֹדוּךָ עַמִּים כֻּלָּם:
יִשְׂמְחוּ וִירַנְּנוּ לְאֻמִּים כִּי־תִשְׁפֹּט עַמִּים
מִישֹׁר וּלְאֻמִּים בָּאָרֶץ תַּנְחֵם סֶלָה:
יוֹדוּךָ עַמִּים אֱלֹקִים יוֹדוּךָ עַמִּים כֻּלָּם:
אֶרֶץ נָתְנָה יְבוּלָהּ יְבָרְכֵנוּ אֱלֹקִים אֱלֹקֵינוּ:
יְבָרְכֵנוּ אֱלֹקִים וְיִירְאוּ אוֹתוֹ כָּל־אַפְסֵי־אָרֶץ:

אָנָּא בְּכֹחַ. גְּדֻלַּת יְמִינְךָ. תַּתִּיר צְרוּרָה.
קַבֵּל רִנַּת. עַמְּךָ שַׂגְּבֵנוּ. טַהֲרֵנוּ נוֹרָא.
נָא גִבּוֹר. דּוֹרְשֵׁי יִחוּדְךָ. כְּבָבַת שָׁמְרֵם.
בָּרְכֵם טַהֲרֵם. רַחֲמֵי צִדְקָתְךָ. תָּמִיד גָּמְלֵם.
חֲסִין קָדוֹשׁ. בְּרוֹב טוּבְךָ. נַהֵל עֲדָתֶךָ:
יָחִיד גֵּאֶה. לְעַמְּךָ פְּנֵה. זוֹכְרֵי קְדֻשָּׁתֶךָ.
שַׁוְעָתֵנוּ קַבֵּל. וּשְׁמַע צַעֲקָתֵנוּ. יוֹדֵעַ תַּעֲלֻמוֹת.

בָּרוּךְ שֵׁם כְּבוֹד מַלְכוּתוֹ לְעוֹלָם וָעֶד.

Men count the עוֹמֶר with a בְּרָכָה. If a woman wants to count, she counts without a בְּרָכָה.

The best time to count is after dark. We may count with a בְּרָכָה all night until dawn.

If someone counts a little too early, before it gets dark, he should count again without a בְּרָכָה after it becomes dark.

Someone who forgets to count at night should count during the next day without a בְּרָכָה. He may then continue to count every day with a בְּרָכָה.

But if someone forgets to count at night and *also during the day* -he may continue counting, but without a בְּרָכָה. To make sure no one forgets, every morning when we count סְפִירַת הָעוֹמֶר, we count out loud and together during שַׁחֲרִית so no one misses a whole day of counting.

We count the עוֹמֶר while standing, but if someone counted while sitting down, it is okay - he doesn't have to count again.

For about half an hour before it is time to count, we are not permitted to begin doing work or eating a meal, because we are afraid that someone might forget to count. Snacks are okay.

There is a מִצְוָה to count both days and weeks of the עוֹמֶר.

During the first six days of the עוֹמֶר, we count days only (we haven't had a week yet-right?) as in : "TODAY IS THE SIXTH DAY OF THE עוֹמֶר".

The next day we will say: "TODAY IS THE SEVENTH DAY OF THE עוֹמֶר WHICH IS ONE WEEK." See, that's the days and the weeks.

On the day after that (day #8), we will say: **"TODAY IS THE EIGHTH DAY OF THE עוֹמֶר WHICH IS ONE WEEK AND ONE DAY."**

We will continue to count this way until the end of the seven weeks.

Although we may count in any language, we count in Hebrew. At the end of these sheets is a calendar to help us remember to count the עוֹמֶר.

<u>מנהגי ימי הספירה</u> During the times of the 'תַּנָּאִים' (the Rabbis of the מִשְׁנָה) a terrible thing came on the Jewish people. Twenty-four thousand (24,000) students of the great רַבִּי עֲקִיבָא died during the first days of the עוֹמֶר. The חֲכָמִים ordered that we keep some customs of mourning during the עוֹמֶר.

While there are different מִנְהָגִים of when to mourn, **our custom is to keep the customs of mourning until the thirty-fourth day of the עוֹמֶר**. Weddings, בַּר מִצְוָה celebrations and parties are forbidden. We do not listen to music.

Another custom of mourning we follow is not to cut our hair (This includes shaving). In honor of a בְּרִית מִילָה, the baby's father, the סַנְדָּק (who will hold the baby during the מִילָה) and the מוֹהֵל (the rabbi who will "do" the מִילָה) may cut their hair and shave.

ל״ג בעומר The thirty-third day of the עוֹמֶר is a happy day. On this day the great תָּנָא, רַבִּי שִׁמְעוֹן בַּר יוֹחָאי passed away. We are not happy that he passed away, but because on the day of his death, he called his students together and taught them secrets of the תּוֹרָה all day. In fact, the sun didn't set until he was finished! רַבִּי שִׁמְעוֹן בַּר יוֹחָאי commanded that this day should be a happy one, because of all the secrets that he revealed, and not a sad one because of his death.

On this day, some have the custom to light candles in the memory of רַבִּי שִׁמְעוֹן בַּר יוֹחָאי and of other צַדִּיקִים. Some read from the זוֹהַר, a סֵפֶר that has secrets of the תּוֹרָה in it. This סֵפֶר was written by רַבִּי שִׁמְעוֹן בַּר יוֹחָאי, one of the Rabbis of the מִשְׁנָה. Some people have the custom to go to the burial place of רַבִּי שִׁמְעוֹן בַּר יוֹחָאי in אֶרֶץ יִשְׂרָאֵל to pray, light candles and to give their three-year-old boys their first haircut. This is a custom that is hundreds of years old.

Some have the custom to shoot a bow and arrows. A rainbow did not appear in the sky during the entire life of רַבִּי שִׁמְעוֹן בַּר יוֹחָאי in his זְכוּת. A rainbow shows that ה׳ is not pleased with the world and that He would destroy it again, had He not promised that He wouldn't. In Hebrew, the word קֶשֶׁת means both 'rainbow' and 'bow' - as in bow and arrows.

תיקון הטל On the first day of פֶּסַח, after we read the תּוֹרָה, we say the "תִּיקוּן הַטָּל" which asks ה׳ to send us the DEW OF BLESSING, the special "טַל שֶׁל בְּרָכָה".

In מוּסָף, right after תִּקוּן הַטָּל we will begin to say מוֹרִיד הַטָּל instead of מַשִּׁיב הָרוּחַ וּמוֹרִיד הַגֶּשֶׁם. From this point on, we will also say "בָּרְכֵנוּ" in the עֲמִדָה instead of saying "בָּרֵךְ עָלֵינוּ".

We will continue saying מוֹרִיד הַטָּל until שְׁמִינִי עֲצֶרֶת, and בָּרְכֵנוּ until the beginning of December.

If someone made a mistake and said מַשִּׁיב הָרוּחַ וּמוֹרִיד הַגֶּשֶׁם and realized his mistake **before** the next "בָּרוּךְ אַתָּה ה׳" he must go back to the בְּרָכָה of אַתָּה גִיבּוֹר. If he realized his mistake **after** he finished the next בְּרָכָה, he must say the whole עֲמִידָה all over again!

If someone isn't sure if he said מוֹרִיד הַטָּל or בָּרְכֵנוּ - what should he do? Well, it depends. During the first thirty days after we start saying the new מוֹרִיד הַטָּל or בָּרְכֵנוּ, if someone isn't sure, chances are that he forgot, and has to repeat the עֲמִידָה since he isn't used to saying these new things. **After thirty days**, though, **he does not repeat**, because by now, he is used to the new עֲמִידָה and probably said the right things.

חול המועד On חוֹל הַמּוֹעֵד we add יַעֲלֶה וְיָבֹא in the עֲמִידָה and in בִּרְכַּת הַמָּזוֹן. If someone forgets יַעֲלֶה וְיָבֹא in the עֲמִידָה, but remembers before he is finished, he goes back to רְצֵה and continues until the end (don't forget it this time!).

If someone forgot totally, or isn't sure--say the עֲמִידָה all over again!

If someone forgets to say יַעֲלֶה וְיָבֹא in בִּרְכַּת הַמָּזוֹן, he does not repeat it. On the first two nights of פֶּסַח (or סֻכּוֹת) , though, he must say בִּרְכַּת הַמָּזוֹן again.

It is our custom not to wear תְּפִילִין on חוֹל הַמּוֹעֵד.

On חוֹל הַמּוֹעֵד and the last two days of יוֹם טוֹב, we say חֲצִי הַלֵּל - certain parts of הַלֵּל, without a בְּרָכָה.

We take out the תּוֹרָה and say מוּסָף on every day of חוֹל הַמּוֹעֵד.

שביעי של פסח The SEVENTH day of פֶּסַח is called "שְׁבִיעִי שֶׁל פֶּסַח" and on this day we celebrate a special נֵס - the splitting of the sea - "קְרִיעַת יַם סוּף". On this day, early in the morning, ה׳ split the יַם סוּף into twelve separate paths-one for each שֵׁבֶט. Then, when the מִצְרִיִּים came, ה׳ drowned them in the water! ה׳ did many נִסִּים for us when he split the sea.

To remember the extra-special נֵס which happened at sunrise time, we have a מִנְהָג to wake up early and to sing "אָז יָשִׁיר" at the very same time on the very same day that מֹשֶׁה and the בְּנֵי יִשְׂרָאֵל did for the very first time, many years ago!

ערב פסח שחל להיות בשבת Sometimes, עֶרֶב פֶּסַח comes on שַׁבָּת. When this happens, many things are done differently.

Instead of searching for חָמֵץ on Friday night, we do בְּדִקַת חָמֵץ on

Thursday night and say the same "כָּל חֲמִירָא". We must be especially careful; we will have to eat חָמֵץ on שַׁבָּת (and we're still allowed to all day Friday), so we will have to watch out and make sure that none of it gets lost before then.

We will burn the חָמֵץ on Friday (except for what we are saving for שַׁבָּת), but we will not be saying the second "כָּל חֲמִירָא"! We burn the חָמֵץ so that people will remember what to do every year.

The entire house should be ready for פֶּסַח before שַׁבָּת! Even though we must eat bread on this שַׁבָּת, everything else that we will eat should be should be "Kosher for פֶּסַח".

On לֵיל שַׁבָּת, Friday night, we should eat our bread carefully, trying not to leave any crumbs. If the food was cooked in a פֶּסַח pot, watch that the crumbs don't go near it!

The next morning, we pray שַׁחֲרִית early so that we will be able to get home and eat before the fourth hour of the day (careful with those crumbs!) After we finish, the crumbs on the tablecloth should be carefully emptied into the toilet. The floor should be swept well and crumbs emptied into the toilet as well. After it has been flushed away, the second "כָּל חֲמִירָא" is said (outside of the bathroom, of course), just as we would after burning חָמֵץ, on a regular year.

After we finish our חָמֵץ meal on שַׁבָּת, by day, we must carefully clean out our mouths and teeth to be sure no חָמֵץ has been left there!

On שַׁבָּת we eat three meals; the last one is called סְעוּדָה שְׁלִישִׁית. There is a special מִצְוָה to eat bread during this meal, all year long, but on עֶרֶב פֶּסַח, we may not eat bread late in the day. Also, we may not eat מַצָּה, so we will enjoy it at the סֵדֶר! Instead, we eat fruit and salads, but don't eat too much or too late, we want to be hungry for the סֵדֶר.

All of the סֵדֶר preparations must be done before שַׁבָּת. This would include checking the מָרוֹר and חֲזֶרֶת for bugs, hard-boiling the eggs, making the salt water for כַּרְפַּס, making the חֲרוֹסֶת, cooking and roasting the זְרוֹעַ, and everything else.

We may not prepare for the סֵדֶר on שַׁבָּת at all. We may not even clear the

table from שַׁבָּת leftovers, or set the table for the סֵדֶר. These things may be done after it gets dark and שַׁבָּת ends.

There will be a special קִידוּשׁ at the סֵדֶר that will include הַבְדָלָה.

The firstborns fast on Thursday (two days before עֶרֶב פֶּסַח) so that they will not have to go in to שַׁבָּת hungry. As usual, a סִיּוּם or סְעוּדַּת מִצְוָה will allow a בְּכוֹר to eat.

טבילת כלים Whenever a Jewish person gets a כֶּלִי from a גוֹי, and it will be used for food, it must be dipped in a kosher מִקְוֶה before it is used. This must be done even if these are brand-new and were never used before!

Before this is done, we may not use these כֵּלִים for food at all! Dipping כֵּלִים in a מִקְוֶה is called "טְבִילַת כֵּלִים".

Before we dip a כֶּלִי in the מִקְוֶה, we say a special בְּרָכָה:

בָּרוּךְ אַתָּה ה׳ אֱלוֹקֵינוּ מֶלֶךְ הָעוֹלָם אֲשֶׁר קִדְּשָׁנוּ בְּמִצְוֹתָיו וְצִוָּנוּ
עַל טְבִילַת כֶּלִי:

If there is more than one כֶּלִי that is being dipped, the בְּרָכָה is:

בָּרוּךְ אַתָּה ה׳ אֱלוֹקֵינוּ מֶלֶךְ הָעוֹלָם אֲשֶׁר קִדְּשָׁנוּ בְּמִצְוֹתָיו וְצִוָּנוּ
עַל טְבִילַת כֵּלִים:

All כֵּלִים made from glass, or from any type of metal that are used with food need טְבִילַת כֵּלִים. Metal includes: silver, gold, stainless steel, aluminum and others.

Wooden כֵּלִים, like a salad bowl or mixing spoon, or plastic כֵּלִים, like plastic jars or silverware, do not need טְבִילַת כֵּלִים. If there is metal on the כֶּלִי, like metal handles on the bowl, there must be טְבִילַת כֵּלִים done.

Most types of 'china' dishes do not need טְבִילַת כֵּלִים. Some older types do, though, so when buying new 'china' dishes, be sure to ask the Rabbi of your Shul.

If the כֶּלִי is an old one, and it had been used by a גוֹי, it must be

'koshered' before טְבִילַת כֵּלִים.

Only כֵּלִים that are used to prepare and serve food need טְבִילַת כֵּלִים, like plates bowls and silverware, and pots, pans and mixing bowls and can openers. Even metal parts of an electric mixer or blender or anything else - need טְבִילַת כֵּלִים.

Something that was made to be used just once, like a thin aluminum tray, does not need טְבִילַת כֵּלִים.

If someone wants to re-use a jar or container that food came in, that is made of glass (like a pickle jar) or metal (tuna fish can), he does not need to do טְבִילַת כֵּלִים.

Where do you do טְבִילַת כֵּלִים?

These glass and metal כֵּלִים must be dipped in a kosher מִקְוֶה. A kosher מִקְוֶה holds a certain amount of rain-water. טְבִילַת כֵּלִים can also be done in some rivers, lakes (if they're big enough and not man-made) or even oceans!

How do you do טְבִילַת כֵּלִים?

First, before you even roll up your sleeves, check the כֶּלִי. Before we can 'do' טְבִילַת כֵּלִים, we must be sure that there is nothing on it at all; not rust, not dirt, not stickers or even the sticky, gooey glue from labels or stickers.

There are some types of stickers that most people might want to keep on the כֶּלִי. These can be left on.

After the כֶּלִי is spotlessly clean, the person should loosely hold its handle, say the בְּרָכָה and dip the entire כֶּלִי all at once, into the מִקְוֶה.

The מִקְוֶה water must touch all of the כֶּלִי- <u>all of its insides and all of its outsides all at once</u> - no dipping one half and then the other.

Someone who has not yet become בַּר מִצְוָה may not do טְבִילַת כֵּלִים.

We may not do טְבִילַת כֵּלִים on שַׁבָּת or יום טוב.

סֵדֶר סְפִירַת הָעֹמֶר
Counting The Omer

בָּרוּךְ אַתָּה ה׳ אֱלֹקֵינוּ מֶלֶךְ הָעוֹלָם אֲשֶׁר קִדְּשָׁנוּ בְּמִצְוֹתָיו וְצִוָּנוּ
עַל סְפִירַת הָעֹמֶר.

טז בניסן, א׳ של חול המועד הַיּוֹם יוֹם אֶחָד לָעֹמֶר.	יז בניסן, ב׳ של חול המועד הַיּוֹם שְׁנֵי יָמִים לָעֹמֶר.
יח בניסן,ג׳ של חול המועד הַיּוֹם שְׁלֹשָׁה יָמִים לָעֹמֶר.	יט בניסן, ד׳ של חול המועד הַיּוֹם אַרְבָּעָה יָמִים לָעֹמֶר.
כ בניסן, ה׳ של חול המועד הַיּוֹם חֲמִשָּׁה יָמִים לָעֹמֶר.	כא בניסן, שביעי של פסח הַיּוֹם שִׁשָּׁה יָמִים לָעֹמֶר.
כב בניסן, מוצאי יום טוב הַיּוֹם שִׁבְעָה יָמִים לָעֹמֶר שֶׁהֵם שָׁבוּעַ אֶחָד.	כג בניסן הַיּוֹם שְׁמוֹנָה יָמִים לָעֹמֶר שֶׁהֵם שָׁבוּעַ אֶחָד וְיוֹם אֶחָד.
כד בניסן הַיּוֹם תִּשְׁעָה יָמִים לָעֹמֶר שֶׁהֵם שָׁבוּעַ אֶחָד וּשְׁנֵי יָמִים.	כה בניסן הַיּוֹם עֲשָׂרָה יָמִים לָעֹמֶר שֶׁהֵם שָׁבוּעַ אֶחָד וּשְׁלֹשָׁה יָמִים.
כו בניסן הַיּוֹם אַחַד עָשָׂר יוֹם לָעֹמֶר שֶׁהֵם שָׁבוּעַ אֶחָד וְאַרְבָּעָה יָמִים.	כז בניסן הַיּוֹם שְׁנֵים עָשָׂר יוֹם לָעֹמֶר שֶׁהֵם שָׁבוּעַ אֶחָד וַחֲמִשָּׁה יָמִים.
כח בניסן הַיּוֹם שְׁלֹשָׁה עָשָׂר יוֹם לָעֹמֶר שֶׁהֵם שָׁבוּעַ אֶחָד וְשִׁשָּׁה יָמִים.	כט בניסן הַיּוֹם אַרְבָּעָה עָשָׂר יוֹם לָעֹמֶר שֶׁהֵם שְׁנֵי שָׁבוּעוֹת.
ל׳ בניסן, א׳ דראש חדש הַיּוֹם חֲמִשָּׁה עָשָׂר יוֹם לָעֹמֶר שֶׁהֵם שְׁנֵי שָׁבוּעוֹת וְיוֹם אֶחָד.	א׳ באייר, ב׳ דראש חדש הַיּוֹם שִׁשָּׁה עָשָׂר יוֹם לָעֹמֶר שֶׁהֵם שְׁנֵי שָׁבוּעוֹת וּשְׁנֵי יָמִים.
ב׳ באייר הַיּוֹם שִׁבְעָה עָשָׂר יוֹם לָעֹמֶר שֶׁהֵם שְׁנֵי שָׁבוּעוֹת וּשְׁלֹשָׁה יָמִים.	ג׳ באייר הַיּוֹם שְׁמוֹנָה עָשָׂר יוֹם לָעֹמֶר שֶׁהֵם שְׁנֵי שָׁבוּעוֹת וְאַרְבָּעָה יָמִים.
ד׳ באייר הַיּוֹם תִּשְׁעָה עָשָׂר יוֹם לָעֹמֶר שֶׁהֵם שְׁנֵי שָׁבוּעוֹת וַחֲמִשָּׁה יָמִים.	ה׳ באייר הַיּוֹם עֶשְׂרִים יוֹם לָעֹמֶר שֶׁהֵם שְׁנֵי שָׁבוּעוֹת וְשִׁשָּׁה יָמִים.
ו׳ באייר הַיּוֹם אֶחָד וְעֶשְׂרִים יוֹם לָעֹמֶר שֶׁהֵם שְׁלֹשָׁה שָׁבוּעוֹת.	ז׳ באייר הַיּוֹם שְׁנַיִם וְעֶשְׂרִים יוֹם לָעֹמֶר שֶׁהֵם שְׁלֹשָׁה שָׁבוּעוֹת וְיוֹם אֶחָד.
ח׳ באייר הַיּוֹם שְׁלֹשָׁה וְעֶשְׂרִים יוֹם לָעֹמֶר שֶׁהֵם שְׁלֹשָׁה שָׁבוּעוֹת וּשְׁנֵי יָמִים.	ט׳ באייר הַיּוֹם אַרְבָּעָה וְעֶשְׂרִים יוֹם לָעֹמֶר שֶׁהֵם שְׁלֹשָׁה שָׁבוּעוֹת וּשְׁלֹשָׁה יָמִים.

י׳ באייר הַיּוֹם חֲמִשָּׁה וְעֶשְׂרִים יוֹם לָעֹמֶר שֶׁהֵם שְׁלֹשָׁה שָׁבוּעוֹת וְאַרְבָּעָה יָמִים.	יא באייר הַיּוֹם שִׁשָּׁה וְעֶשְׂרִים יוֹם לָעֹמֶר שֶׁהֵם שְׁלֹשָׁה שָׁבוּעוֹת וַחֲמִשָּׁה יָמִים.
יב באייר הַיּוֹם שִׁבְעָה וְעֶשְׂרִים יוֹם לָעֹמֶר שֶׁהֵם שְׁלֹשָׁה שָׁבוּעוֹת וְשִׁשָּׁה יָמִים.	יג באייר הַיּוֹם שְׁמוֹנָה וְעֶשְׂרִים יוֹם לָעֹמֶר שֶׁהֵם אַרְבָּעָה שָׁבוּעוֹת.
יד באייר, פסח שני הַיּוֹם תִּשְׁעָה וְעֶשְׂרִים יוֹם לָעֹמֶר שֶׁהֵם אַרְבָּעָה שָׁבוּעוֹת וְיוֹם אֶחָד.	טו באייר הַיּוֹם שְׁלֹשִׁים יוֹם לָעֹמֶר שֶׁהֵם אַרְבָּעָה שָׁבוּעוֹת וּשְׁנֵי יָמִים.
טז באייר הַיּוֹם אֶחָד וּשְׁלֹשִׁים יוֹם לָעֹמֶר שֶׁהֵם אַרְבָּעָה שָׁבוּעוֹת וּשְׁלֹשָׁה יָמִים.	יז באייר הַיּוֹם שְׁנַיִם וּשְׁלֹשִׁים יוֹם לָעֹמֶר שֶׁהֵם אַרְבָּעָה שָׁבוּעוֹת וְאַרְבָּעָה יָמִים.
יח באייר ל״ג בעומר הַיּוֹם שְׁלֹשָׁה וּשְׁלֹשִׁים יוֹם לָעֹמֶר שֶׁהֵם אַרְבָּעָה שָׁבוּעוֹת וַחֲמִשָּׁה יָמִים.	יט באייר הַיּוֹם אַרְבָּעָה וּשְׁלֹשִׁים יוֹם לָעֹמֶר שֶׁהֵם אַרְבָּעָה שָׁבוּעוֹת וְשִׁשָּׁה יָמִים.
כ באייר הַיּוֹם חֲמִשָּׁה וּשְׁלֹשִׁים יוֹם לָעֹמֶר שֶׁהֵם חֲמִשָּׁה שָׁבוּעוֹת.	כא באייר הַיּוֹם שִׁשָּׁה וּשְׁלֹשִׁים יוֹם לָעֹמֶר שֶׁהֵם חֲמִשָּׁה שָׁבוּעוֹת וְיוֹם אֶחָד.
כב באייר הַיּוֹם שִׁבְעָה וּשְׁלֹשִׁים יוֹם לָעֹמֶר שֶׁהֵם חֲמִשָּׁה שָׁבוּעוֹת וּשְׁנֵי יָמִים.	כג באייר הַיּוֹם שְׁמוֹנָה וּשְׁלֹשִׁים יוֹם לָעֹמֶר שֶׁהֵם חֲמִשָּׁה שָׁבוּעוֹת וּשְׁלֹשָׁה יָמִים.
כד באייר הַיּוֹם תִּשְׁעָה וּשְׁלֹשִׁים יוֹם לָעֹמֶר שֶׁהֵם חֲמִשָּׁה שָׁבוּעוֹת וְאַרְבָּעָה יָמִים.	כה באייר הַיּוֹם אַרְבָּעִים יוֹם לָעֹמֶר שֶׁהֵם חֲמִשָּׁה שָׁבוּעוֹת וַחֲמִשָּׁה יָמִים.
כו באייר הַיּוֹם אֶחָד וְאַרְבָּעִים יוֹם לָעֹמֶר שֶׁהֵם חֲמִשָּׁה שָׁבוּעוֹת וְשִׁשָּׁה יָמִים.	כז באייר הַיּוֹם שְׁנַיִם וְאַרְבָּעִים לָעֹמֶר יוֹם שֶׁהֵם שִׁשָּׁה שָׁבוּעוֹת.
כח באייר הַיּוֹם שְׁלֹשָׁה וְאַרְבָּעִים לָעֹמֶר יוֹם שֶׁהֵם שִׁשָּׁה שָׁבוּעוֹת וְיוֹם אֶחָד.	כט באייר הַיּוֹם אַרְבָּעָה וְאַרְבָּעִים יוֹם שֶׁהֵם שִׁשָּׁה שָׁבוּעוֹת וּשְׁנֵי יָמִים.
א בסיון, ליל ראש חדש הַיּוֹם חֲמִשָּׁה וְאַרְבָּעִים יוֹם לָעֹמֶר שֶׁהֵם שִׁשָּׁה שָׁבוּעוֹת וּשְׁלֹשָׁה יָמִים.	ב׳ בסיון הַיּוֹם שִׁשָּׁה וְאַרְבָּעִים יוֹם לָעֹמֶר שֶׁהֵם שִׁשָּׁה שָׁבוּעוֹת וְאַרְבָּעָה יָמִים.
ג׳ בסיון הַיּוֹם שִׁבְעָה וְאַרְבָּעִים יוֹם לָעֹמֶר שֶׁהֵם שִׁשָּׁה שָׁבוּעוֹת וַחֲמִשָּׁה יָמִים.	ד׳ בסיון הַיּוֹם שְׁמוֹנָה וְאַרְבָּעִים יוֹם לָעֹמֶר שֶׁהֵם שִׁשָּׁה שָׁבוּעוֹת וְשִׁשָּׁה יָמִים.
ה׳ בסיון, ערב שבועות הַיּוֹם תִּשְׁעָה וְאַרְבָּעִים לָעֹמֶר יוֹם שֶׁהֵם שִׁבְעָה שָׁבוּעוֹת.	**שָׁבוּעוֹת** תִּזְכּוּ לְשָׁנִים רַבּוֹת

הָרַחֲמָן הוּא יַחֲזִיר עֲבוֹדַת בֵּית הַמִּקְדָּשׁ לִמְקוֹמָהּ בִּמְהֵרָה בְיָמֵינוּ:

לַמְנַצֵּחַ בִּנְגִינוֹת מִזְמוֹר שִׁיר: אֱלֹקִים יְחָנֵּנוּ וִיבָרְכֵנוּ יָאֵר פָּנָיו אִתָּנוּ סֶלָה: לָדַעַת בָּאָרֶץ דַּרְכֶּךָ בְּכָל־גּוֹיִם יְשׁוּעָתֶךָ: יוֹדוּךָ עַמִּים אֱלֹקִים יוֹדוּךָ עַמִּים כֻּלָּם: יִשְׂמְחוּ וִירַנְּנוּ לְאֻמִּים כִּי־תִשְׁפֹּט עַמִּים מִישֹׁר וּלְאֻמִּים בָּאָרֶץ תַּנְחֵם סֶלָה: יוֹדוּךָ עַמִּים אֱלֹקִים יוֹדוּךָ עַמִּים כֻּלָּם: אֶרֶץ נָתְנָה יְבוּלָהּ יְבָרְכֵנוּ אֱלֹקִים אֱלֹקֵינוּ: יְבָרְכֵנוּ אֱלֹקִים וְיִירְאוּ אוֹתוֹ כָּל־אַפְסֵי־אָרֶץ:

אָנָּא בְּכֹחַ. גְּדֻלַּת יְמִינְךָ. תַּתִּיר צְרוּרָה.
קַבֵּל רִנַּת. עַמְּךָ שַׂגְּבֵנוּ. טַהֲרֵנוּ נוֹרָא.
נָא גִבּוֹר. דוֹרְשֵׁי יִחוּדְךָ. כְּבָבַת שָׁמְרֵם.
בָּרְכֵם טַהֲרֵם. רַחֲמֵי צִדְקָתְךָ. תָּמִיד גָּמְלֵם.
חֲסִין קָדוֹשׁ. בְּרוֹב טוּבְךָ. נַהֵל עֲדָתֶךָ:
יָחִיד גֵּאֶה. לְעַמְּךָ פְּנֵה. זוֹכְרֵי קְדֻשָּׁתֶךָ.
שַׁוְעָתֵנוּ קַבֵּל. וּשְׁמַע צַעֲקָתֵנוּ. יוֹדֵעַ תַּעֲלֻמוֹת.
בָּרוּךְ שֵׁם כְּבוֹד מַלְכוּתוֹ לְעוֹלָם וָעֶד.

Some people learn have the custom to learn the מִשְׁנָיוֹת of מַסֶּכֶת פְּסָחִים on פֶּסַח.

מסכת פסחים

פרק א׳

א׳ אוֹר לְאַרְבָּעָה עָשָׂר, בּוֹדְקִין אֶת הֶחָמֵץ לְאוֹר הַנֵּר. כָּל מָקוֹם שֶׁאֵין מַכְנִיסִין בּוֹ חָמֵץ אֵין צָרִיךְ בְּדִיקָה. וְלָמָּה אָמְרוּ שְׁתֵּי שׁוּרוֹת בַּמַּרְתֵּף, מָקוֹם שֶׁמַּכְנִיסִין בּוֹ חָמֵץ. בֵּית שַׁמַּאי אוֹמְרִים, שְׁתֵּי שׁוּרוֹת עַל פְּנֵי כָל הַמַּרְתֵּף. וּבֵית הִלֵּל אוֹמְרִים, שְׁתֵּי שׁוּרוֹת הַחִיצוֹנוֹת שֶׁהֵן הָעֶלְיוֹנוֹת:

ב׳ אֵין חוֹשְׁשִׁין שֶׁמָּא גֵרְרָה חֻלְדָּה מִבַּיִת לְבַיִת וּמִמָּקוֹם לְמָקוֹם, דְּאִם כֵּן, מֵחָצֵר לְחָצֵר וּמֵעִיר לְעִיר, אֵין לַדָּבָר סוֹף:

ג׳ רַבִּי יְהוּדָה אוֹמֵר, בּוֹדְקִין אוֹר אַרְבָּעָה עָשָׂר וּבְאַרְבָּעָה עָשָׂר שַׁחֲרִית וּבִשְׁעַת הַבִּעוּר. וַחֲכָמִים אוֹמְרִים, לֹא בָדַק אוֹר אַרְבָּעָה עָשָׂר, יִבְדּוֹק בְּאַרְבָּעָה עָשָׂר. לֹא בָדַק בְּאַרְבָּעָה עָשָׂר, יִבְדּוֹק בְּתוֹךְ הַמּוֹעֵד. לֹא בָדַק בְּתוֹךְ הַמּוֹעֵד, יִבְדּוֹק לְאַחַר הַמּוֹעֵד. וּמַה שֶּׁמְּשַׁיֵּר, יַנִּיחֶנּוּ בְּצִנְעָא, כְּדֵי שֶׁלֹּא יְהֵא צָרִיךְ בְּדִיקָה אַחֲרָיו:

ד׳ רַבִּי מֵאִיר אוֹמֵר, אוֹכְלִין כָּל חָמֵשׁ וְשׂוֹרְפִין בִּתְחִלַּת שֵׁשׁ. וְרַבִּי יְהוּדָה אוֹמֵר, אוֹכְלִין כָּל אַרְבַּע, וְתוֹלִין כָּל חָמֵשׁ, וְשׂוֹרְפִין בִּתְחִלַּת שֵׁשׁ:

ה׳ וְעוֹד אָמַר רַבִּי יְהוּדָה, שְׁתֵּי חַלּוֹת שֶׁל תּוֹדָה פְּסוּלוֹת מֻנָּחוֹת עַל גַּג הָאִצְטְבָא. כָּל זְמַן שֶׁמֻּנָּחוֹת, כָּל הָעָם אוֹכְלִים. נִטְּלָה אַחַת, תּוֹלִין, לֹא אוֹכְלִין וְלֹא שׂוֹרְפִין. נִטְּלוּ שְׁתֵּיהֶן הִתְחִילוּ כָּל הָעָם שׂוֹרְפִין. רַבָּן גַּמְלִיאֵל אוֹמֵר, חֻלִּין נֶאֱכָלִין כָּל אַרְבַּע, וּתְרוּמָה כָּל חָמֵשׁ, וְשׂוֹרְפִין בִּתְחִלַּת שֵׁשׁ:

ו׳ רַבִּי חֲנִינָא סְגַן הַכֹּהֲנִים אוֹמֵר, מִימֵיהֶם שֶׁל כֹּהֲנִים לֹא נִמְנְעוּ מִלִּשְׂרוֹף אֶת הַבָּשָׂר שֶׁנִּטְמָא בִוְלַד הַטֻּמְאָה עִם הַבָּשָׂר שֶׁנִּטְמָא בְּאַב הַטֻּמְאָה, אַף עַל פִּי שֶׁמּוֹסִיפִין טֻמְאָה עַל טֻמְאָתוֹ. הוֹסִיף רַבִּי עֲקִיבָא וְאָמַר, מִימֵיהֶם שֶׁל כֹּהֲנִים לֹא נִמְנְעוּ מִלְּהַדְלִיק אֶת הַשֶּׁמֶן שֶׁנִּפְסַל בִּטְבוּל יוֹם בְּנֵר שֶׁנִּטְמָא בִטְמֵא מֵת, אַף עַל פִּי שֶׁמּוֹסִיפִין טֻמְאָה עַל טֻמְאָתוֹ:

ז׳ אָמַר רַבִּי מֵאִיר, מִדִּבְרֵיהֶם לָמַדְנוּ, שֶׁשּׂוֹרְפִין תְּרוּמָה טְהוֹרָה עִם הַטְּמֵאָה בְּפֶסַח. אָמַר לוֹ רַבִּי יוֹסֵי, אֵינָהּ הִיא הַמִּדָּה. וּמוֹדִים רַבִּי אֱלִיעֶזֶר וְרַבִּי יְהוֹשֻׁעַ, שֶׁשּׂוֹרְפִין זוֹ לְעַצְמָהּ וְזוֹ לְעַצְמָהּ. עַל מַה נֶּחֱלָקוּ, עַל הַתְּלוּיָה וְעַל הַטְּמֵאָה, שֶׁרַבִּי אֱלִיעֶזֶר אוֹמֵר, תִּשָּׂרֵף זוֹ לְעַצְמָהּ וְזוֹ לְעַצְמָהּ. וְרַבִּי יְהוֹשֻׁעַ אוֹמֵר, שְׁתֵּיהֶן כְּאַחַת:

פרק ב׳

א׳ כָּל שָׁעָה שֶׁמֻּתָּר לֶאֱכוֹל, מַאֲכִיל לַבְּהֵמָה לַחַיָּה וְלָעוֹפוֹת, וּמוֹכְרוֹ לַנָּכְרִי, וּמֻתָּר בַּהֲנָאָתוֹ. עָבַר זְמַנּוֹ, אָסוּר בַּהֲנָאָתוֹ, וְלֹא יַסִּיק בּוֹ תַּנּוּר וְכִירַיִם. רַבִּי יְהוּדָה אוֹמֵר, אֵין בִּעוּר חָמֵץ אֶלָּא שְׂרֵפָה. וַחֲכָמִים אוֹמְרִים, אַף מְפָרֵר וְזוֹרֶה לָרוּחַ אוֹ מַטִּיל לַיָּם:

ב׳ חָמֵץ שֶׁל נָכְרִי שֶׁעָבַר עָלָיו הַפֶּסַח, מֻתָּר בַּהֲנָאָה. וְשֶׁל יִשְׂרָאֵל, אָסוּר בַּהֲנָאָה. שֶׁנֶּאֱמַר (שמות י״ג) לֹא יֵרָאֶה לְךָ (שְׂאֹר):

ג׳ נָכְרִי שֶׁהִלְוָה אֶת יִשְׂרָאֵל עַל חֲמֵצוֹ, אַחַר הַפֶּסַח מֻתָּר בַּהֲנָאָה. וְיִשְׂרָאֵל שֶׁהִלְוָה אֶת הַנָּכְרִי עַל חֲמֵצוֹ, אַחַר הַפֶּסַח אָסוּר בַּהֲנָאָה. חָמֵץ שֶׁנָּפְלָה עָלָיו מַפֹּלֶת, הֲרֵי הוּא כִמְבֹעָר. רַבָּן שִׁמְעוֹן בֶּן גַּמְלִיאֵל אוֹמֵר, כָּל שֶׁאֵין הַכֶּלֶב יָכוֹל לְחַפֵּשׂ אַחֲרָיו:

ד׳ הָאוֹכֵל תְּרוּמַת חָמֵץ בַּפֶּסַח בְּשׁוֹגֵג, מְשַׁלֵּם קֶרֶן וָחֹמֶשׁ. בְּמֵזִיד, פָּטוּר מִתַּשְׁלוּמִים וּמִדְּמֵי עֵצִים :

ה׳ אֵלּוּ דְבָרִים שֶׁאָדָם יוֹצֵא בָהֶן יְדֵי חוֹבָתוֹ בְּפֶסַח, בַּחִטִּים, בַּשְּׂעוֹרִים, בַּכֻּסְּמִין וּבְשִׁיפוֹן וּבְשִׁבֹּלֶת שׁוּעָל. וְיוֹצְאִין בַּדְּמַאי וּבְמַעֲשֵׂר רִאשׁוֹן שֶׁנִּטְּלָה תְרוּמָתוֹ, וּבְמַעֲשֵׂר שֵׁנִי וְהֶקְדֵּשׁ שֶׁנִּפְדּוּ, וְהַכֹּהֲנִים בַּחַלָּה וּבַתְּרוּמָה. אֲבָל לֹא בְטֶבֶל, וְלֹא בְמַעֲשֵׂר רִאשׁוֹן שֶׁלֹּא נִטְּלָה תְרוּמָתוֹ, וְלֹא בְמַעֲשֵׂר שֵׁנִי וְהֶקְדֵּשׁ שֶׁלֹּא נִפְדּוּ. חַלּוֹת תּוֹדָה וּרְקִיקֵי נָזִיר, עֲשָׂאָן לְעַצְמוֹ, אֵין יוֹצְאִין בָּהֶן. עֲשָׂאָן לִמְכּוֹר בַּשּׁוּק, יוֹצְאִין בָּהֶן:

ו׳ וְאֵלּוּ יְרָקוֹת שֶׁאָדָם יוֹצֵא בָהֶן יְדֵי חוֹבָתוֹ בְּפֶסַח, בַּחֲזֶרֶת וּבָעֻלְשִׁין וּבַתַּמְכָא וּבַחַרְחֲבִינָא וּבַמָּרוֹר. יוֹצְאִין בָּהֶן בֵּין לַחִין בֵּין יְבֵשִׁין, אֲבָל לֹא כְבוּשִׁין וְלֹא שְׁלוּקִין וְלֹא מְבֻשָּׁלִין. וּמִצְטָרְפִין לִכְזַיִת. וְיוֹצְאִין בְּקֶלַח שֶׁלָּהֶן, וּבִדְמַאי, וּבְמַעֲשֵׂר רִאשׁוֹן שֶׁנִּטְּלָה תְרוּמָתוֹ, וּבְמַעֲשֵׂר שֵׁנִי וְהֶקְדֵּשׁ שֶׁנִּפְדּוּ:

ז׳ אֵין שׁוֹרִין אֶת הַמֻּרְסָן לַתַּרְנְגוֹלִים, אֲבָל חוֹלְטִין. הָאִשָּׁה לֹא תִשְׁרֶה אֶת הַמֻּרְסָן שֶׁתּוֹלִיךְ בְּיָדָהּ לַמֶּרְחָץ, אֲבָל שָׁפָה הִיא בִבְשָׂרָהּ יָבֵשׁ. לֹא יִלְעוֹס אָדָם חִטִּין וְיַנִּיחַ עַל מַכָּתוֹ בַּפֶּסַח, מִפְּנֵי שֶׁהֵן מַחְמִיצוֹת:

ח׳ אֵין נוֹתְנִין אֶת הַקֶּמַח לְתוֹךְ הַחֲרֹסֶת אוֹ לְתוֹךְ הַחַרְדָּל, וְאִם נָתַן, יֹאכַל מִיָּד, וְרַבִּי מֵאִיר אוֹסֵר. אֵין מְבַשְּׁלִין אֶת הַפֶּסַח, לֹא בְמַשְׁקִין וְלֹא בְמֵי פֵרוֹת, אֲבָל סָכִין וּמַטְבִּילִין אוֹתוֹ בָהֶן. מֵי תַשְׁמִישׁוֹ שֶׁל נַחְתּוֹם, יִשָּׁפְכוּ, מִפְּנֵי שֶׁהֵן מַחְמִיצִין:

פרק ג׳

א׳ אֵלּוּ עוֹבְרִין בַּפֶּסַח, כֻּתָּח הַבַּבְלִי, וְשֵׁכָר הַמָּדִי, וְחֹמֶץ הָאֲדוֹמִי, וְזִיתוֹם הַמִּצְרִי, וְזוֹמָן שֶׁל צַבָּעִים, וַעֲמִילָן שֶׁל טַבָּחִים, וְקוֹלָן שֶׁל סוֹפְרִים. רַבִּי אֱלִיעֶזֶר אוֹמֵר, אַף תַּכְשִׁיטֵי נָשִׁים. זֶה הַכְּלָל, כָּל שֶׁהוּא מִמִּין דָּגָן, הֲרֵי זֶה עוֹבֵר בַּפֶּסַח. הֲרֵי אֵלּוּ בְאַזְהָרָה, וְאֵין בָּהֶן מִשּׁוּם כָּרֵת:

ב׳ בָּצֵק שֶׁבְּסִדְקֵי עֲרֵבָה, אִם יֵשׁ כַּזַּיִת בְּמָקוֹם אֶחָד, חַיָּב לְבָעֵר. וְאִם לֹא, בָּטֵל בְּמִעוּטוֹ. וְכֵן לְעִנְיַן הַטֻּמְאָה, אִם מַקְפִּיד עָלָיו, חוֹצֵץ. וְאִם רוֹצֶה בְקִיּוּמוֹ, הֲרֵי הוּא כָעֲרֵבָה. בָּצֵק הַחֵרֵשׁ, אִם יֵשׁ כַּיּוֹצֵא בוֹ שֶׁהֶחְמִיץ, הֲרֵי זֶה אָסוּר:

ג׳ כֵּיצַד מַפְרִישִׁין חַלָּה בְטֻמְאָה בְּיוֹם טוֹב, רַבִּי אֱלִיעֶזֶר אוֹמֵר, לֹא תִקְרָא לָהּ שֵׁם, עַד שֶׁתֵּאָפֶה. רַבִּי יְהוּדָה בֶּן בְּתֵירָא אוֹמֵר, תַּטִּיל בְּצוֹנֵן. אָמַר רַבִּי יְהוֹשֻׁעַ, לֹא זֶה הוּא חָמֵץ שֶׁמֻּזְהָרִים עָלָיו בְּבַל יֵרָאֶה וּבְבַל יִמָּצֵא, אֶלָּא מַפְרִשְׁתָּהּ וּמַנִּיחָתָהּ עַד הָעֶרֶב, וְאִם הֶחֱמִיצָה, הֶחֱמִיצָה:

ד׳ רַבָּן גַּמְלִיאֵל אוֹמֵר, שָׁלֹשׁ נָשִׁים לָשׁוֹת כְּאַחַת וְאוֹפוֹת בְּתַנּוּר אֶחָד, זוֹ אַחַר זוֹ. וַחֲכָמִים אוֹמְרִים, שָׁלֹשׁ נָשִׁים עוֹסְקוֹת בַּבָּצֵק, אַחַת לָשָׁה וְאַחַת עוֹרֶכֶת וְאַחַת אוֹפָה. רַבִּי עֲקִיבָא אוֹמֵר, לֹא כָל הַנָּשִׁים וְלֹא כָל הָעֵצִים וְלֹא כָל הַתַּנּוּרִים שָׁוִין. זֶה הַכְּלָל, תָּפַח, תִּלְטוֹשׁ בְּצוֹנֵן:

ה׳ שְׂאוֹר, יִשָּׂרֵף, וְהָאוֹכְלוֹ פָּטוּר. סִדּוּק, יִשָּׂרֵף, וְהָאוֹכְלוֹ חַיָּב כָּרֵת. אֵיזֶהוּ שְׂאוֹר, כְּקַרְנֵי חֲגָבִים. סִדּוּק, שֶׁנִּתְעָרְבוּ סְדָקָיו זֶה בָּזֶה, דִּבְרֵי רַבִּי יְהוּדָה. וַחֲכָמִים אוֹמְרִים, זֶה וָזֶה הָאוֹכְלוֹ חַיָּב כָּרֵת. וְאֵיזֶהוּ שְׂאוֹר, כָּל שֶׁהִכְסִיפוּ פָּנָיו כְּאָדָם שֶׁעָמְדוּ שַׂעֲרוֹתָיו:

ו׳ אַרְבָּעָה עָשָׂר שֶׁחָל לִהְיוֹת בַּשַּׁבָּת, מְבַעֲרִים אֶת הַכֹּל מִלִּפְנֵי הַשַּׁבָּת, דִּבְרֵי רַבִּי מֵאִיר. וַחֲכָמִים אוֹמְרִים, בִּזְמַנָּן. רַבִּי אֶלְעָזָר בַּר צָדוֹק אוֹמֵר, תְּרוּמָה מִלִּפְנֵי הַשַּׁבָּת וְחֻלִּין בִּזְמַנָּן:

ז׳ הַהוֹלֵךְ לִשְׁחוֹט אֶת פִּסְחוֹ, וְלָמוּל אֶת בְּנוֹ, וְלֶאֱכוֹל סְעוּדַת אֵרוּסִין בְּבֵית חָמִיו וְנִזְכַּר שֶׁיֵּשׁ לוֹ חָמֵץ בְּתוֹךְ בֵּיתוֹ, אִם יָכוֹל לַחֲזוֹר וּלְבַעֵר וְלַחֲזוֹר לְמִצְוָתוֹ, יַחֲזוֹר וִיבַעֵר. וְאִם לָאו, מְבַטְּלוֹ בְּלִבּוֹ. לְהַצִּיל מִן הַנָּכְרִים, וּמִן הַנָּהָר, וּמִן הַלִּסְטִים, וּמִן הַדְּלֵקָה, וּמִן הַמַּפֹּלֶת, יְבַטֵּל בְּלִבּוֹ. וְלִשְׁבּוֹת שְׁבִיתַת הָרְשׁוּת, יַחֲזוֹר מִיָּד:

ח׳ וְכֵן מִי שֶׁיָּצָא מִירוּשָׁלַיִם וְנִזְכַּר שֶׁיֵּשׁ בְּיָדוֹ בְּשַׂר קֹדֶשׁ, אִם עָבַר צוֹפִים, שׂוֹרְפוֹ בִמְקוֹמוֹ. וְאִם לָאו, חוֹזֵר וְשׂוֹרְפוֹ לִפְנֵי הַבִּירָה מֵעֲצֵי הַמַּעֲרָכָה. וְעַד כַּמָּה הֵן חוֹזְרִין, רַבִּי מֵאִיר אוֹמֵר, זֶה וָזֶה בִּכְבֵיצָה. רַבִּי יְהוּדָה אוֹמֵר, זֶה וָזֶה בִּכְזַיִת. וַחֲכָמִים אוֹמְרִים, בְּשַׂר קֹדֶשׁ בִּכְזַיִת, וְחָמֵץ בִּכְבֵיצָה:

פרק ד׳

א׳ מְקוֹם שֶׁנָּהֲגוּ לַעֲשׂוֹת מְלָאכָה בְּעַרְבֵי פְסָחִים עַד חֲצוֹת, עוֹשִׂין. מְקוֹם שֶׁנָּהֲגוּ שֶׁלֹּא לַעֲשׂוֹת, אֵין עוֹשִׂין. הַהוֹלֵךְ מִמְּקוֹם שֶׁעוֹשִׂין לִמְקוֹם שֶׁאֵין עוֹשִׂין, אוֹ מִמְּקוֹם שֶׁאֵין עוֹשִׂין לִמְקוֹם שֶׁעוֹשִׂין, נוֹתְנִין עָלָיו חֻמְרֵי מָקוֹם שֶׁיָּצָא מִשָּׁם וְחֻמְרֵי מָקוֹם שֶׁהָלַךְ לְשָׁם. וְאַל יְשַׁנֶּה אָדָם, מִפְּנֵי הַמַּחֲלֹקֶת:

ב׳ כַּיּוֹצֵא בוֹ, הַמּוֹלִיךְ פֵּרוֹת שְׁבִיעִית מִמְּקוֹם שֶׁכָּלוּ לִמְקוֹם שֶׁלֹּא כָלוּ, אוֹ מִמְּקוֹם שֶׁלֹּא כָלוּ לִמְקוֹם שֶׁכָּלוּ, חַיָּב לְבָעֵר. רַבִּי יְהוּדָה אוֹמֵר, אוֹמְרִים לוֹ, צֵא וְהָבֵא לְךָ אַף אָתָּה:

ג׳ מְקוֹם שֶׁנָּהֲגוּ לִמְכּוֹר בְּהֵמָה דַקָּה לַגּוֹיִם, מוֹכְרִין. מְקוֹם שֶׁנָּהֲגוּ שֶׁלֹּא לִמְכּוֹר, אֵין מוֹכְרִין. וּבְכָל מָקוֹם אֵין מוֹכְרִין לָהֶם בְּהֵמָה גַסָּה, עֲגָלִים וּסְיָחִים שְׁלֵמִים וּשְׁבוּרִין. רַבִּי יְהוּדָה מַתִּיר בַּשְּׁבוּרָה. בֶּן בְּתֵירָה מַתִּיר בַּסּוּס:

ד׳ מְקוֹם שֶׁנָּהֲגוּ לֶאֱכוֹל צָלִי בְּלֵילֵי פְסָחִים, אוֹכְלִין. מְקוֹם שֶׁנָּהֲגוּ שֶׁלֹּא לֶאֱכוֹל, אֵין אוֹכְלִין. מְקוֹם שֶׁנָּהֲגוּ לְהַדְלִיק אֶת הַנֵּר בְּלֵילֵי יוֹם הַכִּפּוּרִים, מַדְלִיקִין. מְקוֹם שֶׁנָּהֲגוּ שֶׁלֹּא לְהַדְלִיק, אֵין מַדְלִיקִין. וּמַדְלִיקִין בְּבָתֵּי כְנֵסִיּוֹת וּבְבָתֵּי מִדְרָשׁוֹת, וּבִמְבוֹאוֹת הָאֲפֵלִים, וְעַל גַּבֵּי הַחוֹלִים:

ה׳ מְקוֹם שֶׁנָּהֲגוּ לַעֲשׂוֹת מְלָאכָה בְּתִשְׁעָה בְאָב, עוֹשִׂין. מְקוֹם שֶׁנָּהֲגוּ שֶׁלֹּא לַעֲשׂוֹת מְלָאכָה, אֵין עוֹשִׂין. וּבְכָל מָקוֹם תַּלְמִידֵי חֲכָמִים בְּטֵלִים. רַבָּן שִׁמְעוֹן בֶּן גַּמְלִיאֵל אוֹמֵר, לְעוֹלָם יַעֲשֶׂה אָדָם עַצְמוֹ תַּלְמִיד חָכָם. וַחֲכָמִים אוֹמְרִים, בִּיהוּדָה הָיוּ עוֹשִׂין מְלָאכָה בְּעַרְבֵי פְסָחִים עַד חֲצוֹת, וּבַגָּלִיל לֹא הָיוּ עוֹשִׂין כָּל עִקָּר. הַלַּיְלָה, בֵּית שַׁמַּאי אוֹסְרִין, וּבֵית הִלֵּל מַתִּירִין עַד הָנֵץ הַחַמָּה:

ו׳ רַבִּי מֵאִיר אוֹמֵר, כָּל מְלָאכָה שֶׁהִתְחִיל בָּהּ קֹדֶם לְאַרְבָּעָה עָשָׂר, גּוֹמְרָהּ בְּאַרְבָּעָה עָשָׂר. אֲבָל לֹא יַתְחִיל בָּהּ בַּתְּחִלָּה בְּאַרְבָּעָה עָשָׂר, אַף עַל פִּי שֶׁיָּכוֹל לִגְמְרָהּ. וַחֲכָמִים אוֹמְרִים, שָׁלֹשׁ אֻמָּנִיּוֹת עוֹשִׂין מְלָאכָה בְּעַרְבֵי פְסָחִים

עַד חֲצוֹת, וְאֵלּוּ הֵן, הַחַיָּטִים וְהַסַּפָּרִים וְהַכּוֹבְסִין. רַבִּי יוֹסֵי בַּר יְהוּדָה אוֹמֵר, אַף הָרַצְעָנִים:

ז׳ מוֹשִׁיבִין שׁוֹבָכִין לַתַּרְנְגוֹלִים בְּאַרְבָּעָה עָשָׂר. וְתַרְנְגוֹלֶת שֶׁבָּרְחָה, מַחֲזִירִין אוֹתָהּ לִמְקוֹמָהּ. וְאִם מֵתָה, מוֹשִׁיבִין אַחֶרֶת תַּחְתֶּיהָ. גּוֹרְפִין מִתַּחַת רַגְלֵי בְהֵמָה בְּאַרְבָּעָה עָשָׂר, וּבַמּוֹעֵד מְסַלְּקִין לַצְּדָדִין. מוֹלִיכִין וּמְבִיאִין כֵּלִים מִבֵּית הָאֻמָּן, אַף עַל פִּי שֶׁאֵינָם לְצֹרֶךְ הַמּוֹעֵד:

ח׳ שִׁשָּׁה דְבָרִים עָשׂוּ אַנְשֵׁי יְרִיחוֹ, עַל שְׁלֹשָׁה מִחוּ בְיָדָם, וְעַל שְׁלֹשָׁה לֹא מִחוּ בְיָדָם. וְאֵלּוּ הֵן שֶׁלֹּא מִחוּ בְיָדָם, מַרְכִּיבִין דְּקָלִים כָּל הַיּוֹם, וְכוֹרְכִין אֶת שְׁמַע, וְקוֹצְרִין וְגוֹדְשִׁין לִפְנֵי הָעֹמֶר, וְלֹא מִחוּ בְיָדָם. וְאֵלּוּ שֶׁמִּחוּ בְיָדָם, מַתִּירִין גַּמְזִיּוֹת שֶׁל הֶקְדֵּשׁ, וְאוֹכְלִין מִתַּחַת הַנְּשָׁרִים בַּשַּׁבָּת, וְנוֹתְנִין פֵּאָה לַיָּרָק, וּמִחוּ בְיָדָם חֲכָמִים:

ט׳ שִׁשָּׁה דְבָרִים עָשָׂה חִזְקִיָּה הַמֶּלֶךְ, עַל שְׁלֹשָׁה הוֹדוּ לוֹ, וְעַל שְׁלֹשָׁה לֹא הוֹדוּ לוֹ. גֵּרַר עַצְמוֹת אָבִיו עַל מִטָּה שֶׁל חֲבָלִים, וְהוֹדוּ לוֹ. כִּתַּת נְחַשׁ הַנְּחֹשֶׁת, וְהוֹדוּ לוֹ. גָּנַז סֵפֶר רְפוּאוֹת, וְהוֹדוּ לוֹ. עַל שְׁלֹשָׁה לֹא הוֹדוּ לוֹ, קִצֵּץ דַּלְתוֹת שֶׁל הֵיכָל וְשִׁגְּרָן לְמֶלֶךְ אַשּׁוּר, וְלֹא הוֹדוּ לוֹ. סָתַם מֵי גִיחוֹן הָעֶלְיוֹן, וְלֹא הוֹדוּ לוֹ. עִבֵּר נִיסָן בְּנִיסָן, וְלֹא הוֹדוּ לוֹ:

פרק ה׳

א׳ תָּמִיד נִשְׁחָט בִּשְׁמוֹנֶה וּמֶחֱצָה וְקָרֵב בְּתֵשַׁע וּמֶחֱצָה. בְּעַרְבֵי פְסָחִים נִשְׁחָט בְּשֶׁבַע וּמֶחֱצָה וְקָרֵב בִּשְׁמוֹנֶה וּמֶחֱצָה, בֵּין בַּחֹל בֵּין בַּשַּׁבָּת. חָל עֶרֶב פֶּסַח לִהְיוֹת בְּעֶרֶב שַׁבָּת, נִשְׁחָט בְּשֵׁשׁ וּמֶחֱצָה וְקָרֵב בְּשֶׁבַע וּמֶחֱצָה, וְהַפֶּסַח אַחֲרָיו:

ב׳ הַפֶּסַח שֶׁשְּׁחָטוֹ שֶׁלֹּא לִשְׁמוֹ, וְקִבֵּל וְהִלֵּךְ וְזָרַק שֶׁלֹּא לִשְׁמוֹ, אוֹ לִשְׁמוֹ וְשֶׁלֹּא לִשְׁמוֹ, אוֹ שֶׁלֹּא לִשְׁמוֹ וְלִשְׁמוֹ, פָּסוּל. כֵּיצַד לִשְׁמוֹ וְשֶׁלֹּא לִשְׁמוֹ, לְשֵׁם פֶּסַח וּלְשֵׁם שְׁלָמִים. שֶׁלֹּא לִשְׁמוֹ וְלִשְׁמוֹ, לְשֵׁם שְׁלָמִים וּלְשֵׁם פֶּסַח:

ג׳ שְׁחָטוֹ שֶׁלֹּא לְאוֹכְלָיו וְשֶׁלֹּא לִמְנוּיָיו, לָעֲרֵלִים וְלַטְּמֵאִים, פָּסוּל. לְאוֹכְלָיו וְשֶׁלֹּא לְאוֹכְלָיו, לִמְנוּיָיו וְשֶׁלֹּא לִמְנוּיָיו, לַמּוּלִים וְלָעֲרֵלִים, לַטְּמֵאִים וְלַטְּהוֹרִים, כָּשֵׁר. שְׁחָטוֹ קֹדֶם חֲצוֹת, פָּסוּל, מִשּׁוּם שֶׁנֶּאֱמַר (שמות יב) בֵּין הָעַרְבָּיִם. שְׁחָטוֹ קֹדֶם לַתָּמִיד, כָּשֵׁר, וּבִלְבַד שֶׁיְּהֵא אֶחָד מְמָרֵס בְּדָמוֹ, עַד שֶׁיִּזָּרֵק דַּם הַתָּמִיד. וְאִם נִזְרַק, כָּשֵׁר:

ד׳ הַשּׁוֹחֵט אֶת הַפֶּסַח עַל הֶחָמֵץ, עוֹבֵר בְּלֹא תַעֲשֶׂה. רַבִּי יְהוּדָה אוֹמֵר, אַף הַתָּמִיד. רַבִּי שִׁמְעוֹן אוֹמֵר, הַפֶּסַח בְּאַרְבָּעָה עָשָׂר, לִשְׁמוֹ חַיָּב, וְשֶׁלֹּא לִשְׁמוֹ פָּטוּר. וּשְׁאָר כָּל הַזְּבָחִים, בֵּין לִשְׁמָן וּבֵין שֶׁלֹּא לִשְׁמָן, פָּטוּר. וּבַמּוֹעֵד, לִשְׁמוֹ פָּטוּר, וְשֶׁלֹּא לִשְׁמוֹ חַיָּב, וּשְׁאָר כָּל הַזְּבָחִים, בֵּין לִשְׁמָן וּבֵין שֶׁלֹּא לִשְׁמָן, חַיָּב, חוּץ מִן הַחַטָּאת שֶׁשְּׁחָטָהּ שֶׁלֹּא לִשְׁמָהּ:

ה׳ הַפֶּסַח נִשְׁחָט בְּשָׁלֹשׁ כִּתּוֹת, שֶׁנֶּאֱמַר (שמות י״ב) וְשָׁחֲטוּ אֹתוֹ כֹּל קְהַל עֲדַת יִשְׂרָאֵל, קָהָל וְעֵדָה וְיִשְׂרָאֵל. נִכְנְסָה כַּת הָרִאשׁוֹנָה, נִתְמַלֵּאת הָעֲזָרָה, נָעֲלוּ דַלְתוֹת הָעֲזָרָה. תָּקְעוּ וְהֵרִיעוּ וְתָקְעוּ. הַכֹּהֲנִים עוֹמְדִים שׁוּרוֹת שׁוּרוֹת, וּבִידֵיהֶם בָּזִיכֵי כֶסֶף וּבָזִיכֵי זָהָב. שׁוּרָה שֶׁכֻּלָּהּ כֶּסֶף כֶּסֶף, וְשׁוּרָה שֶׁכֻּלָּהּ זָהָב זָהָב. לֹא הָיוּ מְעֹרָבִין. וְלֹא הָיוּ לַבָּזִיכִין שׁוּלַיִם, שֶׁמָּא יַנִּיחוּם וְיִקְרַשׁ הַדָּם:

ו׳ שָׁחַט יִשְׂרָאֵל וְקִבֵּל הַכֹּהֵן, נוֹתְנוֹ לַחֲבֵרוֹ וַחֲבֵרוֹ לַחֲבֵרוֹ, וּמְקַבֵּל אֶת הַמָּלֵא וּמַחֲזִיר אֶת הָרֵיקָן. כֹּהֵן הַקָּרוֹב אֵצֶל הַמִּזְבֵּחַ זוֹרְקוֹ

זְרִיקָה אַחַת כְּנֶגֶד הַיְסוֹד:

ז׳ יָצְתָה כַּת רִאשׁוֹנָה וְנִכְנְסָה כַּת שְׁנִיָּה. יָצְתָה שְׁנִיָּה, נִכְנְסָה שְׁלִישִׁית. כְּמַעֲשֵׂה הָרִאשׁוֹנָה כָּךְ מַעֲשֵׂה הַשְּׁנִיָּה וְהַשְּׁלִישִׁית. קָרְאוּ אֶת הַהַלֵּל. אִם גָּמְרוּ שָׁנוּ, וְאִם שָׁנוּ שִׁלֵּשׁוּ, אַף עַל פִּי שֶׁלֹּא שִׁלְּשׁוּ מִימֵיהֶם. רַבִּי יְהוּדָה אוֹמֵר, מִימֵיהֶם שֶׁל כַּת שְׁלִישִׁית לֹא הִגִּיעַ לְאָהַבְתִּי כִּי יִשְׁמַע ה׳, מִפְּנֵי שֶׁעַמָּהּ מֻעָטִין:

ח׳ כְּמַעֲשֵׂהוּ בַחֹל כָּךְ מַעֲשֵׂהוּ בַשַּׁבָּת, אֶלָּא שֶׁהַכֹּהֲנִים מְדִיחִים אֶת הָעֲזָרָה שֶׁלֹּא בִרְצוֹן חֲכָמִים. רַבִּי יְהוּדָה אוֹמֵר, כּוֹס הָיָה מְמַלֵּא מִדַּם הַתַּעֲרוֹבוֹת, זְרָקוֹ זְרִיקָה אַחַת עַל גַּבֵּי הַמִּזְבֵּחַ, וְלֹא הוֹדוּ לוֹ חֲכָמִים:

ט׳ כֵּיצַד תּוֹלִין וּמַפְשִׁיטִין, אֻנְקְלָיוֹת שֶׁל בַּרְזֶל הָיוּ קְבוּעִים בַּכְּתָלִים וּבָעַמּוּדִים שֶׁבָּהֶן תּוֹלִין וּמַפְשִׁיטִין. וְכָל מִי שֶׁאֵין לוֹ מָקוֹם לִתְלוֹת וּלְהַפְשִׁיט, מַקְלוֹת דַּקִּים חֲלָקִים הָיוּ שָׁם, וּמַנִּיחַ עַל כְּתֵפוֹ וְעַל כֶּתֶף חֲבֵרוֹ, וְתוֹלֶה וּמַפְשִׁיט. רַבִּי אֱלִיעֶזֶר אוֹמֵר, אַרְבָּעָה עָשָׂר שֶׁחָל לִהְיוֹת בַּשַּׁבָּת, מַנִּיחַ יָדוֹ עַל כֶּתֶף חֲבֵרוֹ, וְיַד חֲבֵרוֹ עַל כְּתֵפוֹ, וְתוֹלֶה וּמַפְשִׁיט:

י׳ קְרָעוֹ וְהוֹצִיא אֵמוּרָיו, נְתָנוֹ בְמָגִיס וְהִקְטִירָן עַל גַּבֵּי הַמִּזְבֵּחַ. יָצְתָה כַּת רִאשׁוֹנָה וְיָשְׁבָה לָהּ בְּהַר הַבַּיִת, שְׁנִיָּה בַחֵיל, וְהַשְּׁלִישִׁית בִּמְקוֹמָהּ עוֹמֶדֶת. חָשֵׁכָה, יָצְאוּ וְצָלוּ אֶת פִּסְחֵיהֶן:

פרק ו׳

א׳ אֵלּוּ דְבָרִים בַּפֶּסַח דּוֹחִין אֶת הַשַּׁבָּת, שְׁחִיטָתוֹ וּזְרִיקַת דָּמוֹ וּמִחוּי קְרָבָיו וְהֶקְטֵר חֲלָבָיו, אֲבָל צְלִיָּתוֹ וַהֲדָחַת קְרָבָיו אֵינָן דּוֹחִין אֶת הַשַּׁבָּת. הַרְכָּבָתוֹ וַהֲבָאָתוֹ מִחוּץ לַתְּחוּם, וַחֲתִיכַת יַבַּלְתּוֹ, אֵין דּוֹחִין אֶת הַשַּׁבָּת. רַבִּי אֱלִיעֶזֶר אוֹמֵר, דּוֹחִין:

ב׳ אָמַר רַבִּי אֱלִיעֶזֶר, וַהֲלֹא דִין הוּא, מָה אִם שְׁחִיטָה שֶׁהִיא מִשּׁוּם מְלָאכָה דּוֹחָה אֶת הַשַּׁבָּת, אֵלּוּ שֶׁהֵן מִשּׁוּם שְׁבוּת לֹא יִדְחוּ אֶת הַשַּׁבָּת. אָמַר לוֹ רַבִּי יְהוֹשֻׁעַ, יוֹם טוֹב יוֹכִיחַ, שֶׁהִתִּירוּ בוֹ מִשּׁוּם מְלָאכָה, וְאָסְרוּ בוֹ מִשּׁוּם שְׁבוּת. אָמַר לוֹ רַבִּי אֱלִיעֶזֶר, מַה זֶּה, יְהוֹשֻׁעַ, מָה רְאָיָה רְשׁוּת לְמִצְוָה. הֵשִׁיב רַבִּי עֲקִיבָא וְאָמַר, הַזָּאָה תוֹכִיחַ, שֶׁהִיא מִצְוָה וְהִיא מִשּׁוּם שְׁבוּת וְאֵינָהּ דּוֹחָה אֶת הַשַּׁבָּת. אַף אַתָּה אַל תִּתְמַהּ עַל אֵלּוּ, שֶׁאַף עַל פִּי שֶׁהֵן מִצְוָה וְהֵן מִשּׁוּם שְׁבוּת, לֹא יִדְחוּ אֶת הַשַּׁבָּת. אָמַר לוֹ רַבִּי אֱלִיעֶזֶר, וְעָלֶיהָ אֲנִי דָן, וּמָה אִם שְׁחִיטָה שֶׁהִיא מִשּׁוּם מְלָאכָה, דּוֹחָה אֶת הַשַּׁבָּת. הַזָּאָה שֶׁהִיא מִשּׁוּם שְׁבוּת, אֵינוֹ דִין שֶׁדּוֹחָה אֶת הַשַּׁבָּת. אָמַר לוֹ רַבִּי עֲקִיבָא, אוֹ חִלּוּף, מָה אִם הַזָּאָה שֶׁהִיא מִשּׁוּם שְׁבוּת, אֵינָהּ דּוֹחָה אֶת הַשַּׁבָּת. שְׁחִיטָה שֶׁהִיא מִשּׁוּם מְלָאכָה, אֵינוֹ דִין שֶׁלֹּא תִדְחֶה אֶת הַשַּׁבָּת. אָמַר לוֹ רַבִּי אֱלִיעֶזֶר, עֲקִיבָא, עָקַרְתָּ מַה שֶּׁכָּתוּב בַּתּוֹרָה, (בֵּין הָעַרְבַּיִם), בְּמוֹעֲדוֹ (במדבר ט׳) בֵּין בַּחֹל בֵּין בַּשַּׁבָּת. אָמַר לוֹ, רַבִּי, הָבֵא לִי מוֹעֵד לָאֵלּוּ כַּמּוֹעֵד לַשְּׁחִיטָה. כְּלָל אָמַר רַבִּי עֲקִיבָא, כָּל מְלָאכָה שֶׁאֶפְשָׁר לַעֲשׂוֹתָהּ מֵעֶרֶב שַׁבָּת, אֵינָהּ דּוֹחָה אֶת הַשַּׁבָּת. שְׁחִיטָה שֶׁאִי אֶפְשָׁר לַעֲשׂוֹתָהּ מֵעֶרֶב שַׁבָּת, דּוֹחָה אֶת הַשַּׁבָּת:

ג׳ אֵימָתַי מֵבִיא חֲגִיגָה עִמּוֹ, בִּזְמַן שֶׁהוּא בָא בַחֹל בְּטָהֳרָה וּבְמֻעָט. וּבִזְמַן שֶׁהוּא בָא בַשַּׁבָּת בִּמְרֻבֶּה וּבְטֻמְאָה, אֵין מְבִיאִין עִמּוֹ חֲגִיגָה:

ד׳ חֲגִיגָה הָיְתָה בָאָה מִן הַצֹּאן, מִן הַבָּקָר, מִן הַכְּבָשִׂים וּמִן הָעִזִּים, מִן הַזְּכָרִים וּמִן הַנְּקֵבוֹת. וְנֶאֱכֶלֶת לִשְׁנֵי יָמִים וְלַיְלָה אֶחָד:

ה׳ הַפֶּסַח שֶׁשְּׁחָטוֹ שֶׁלֹּא לִשְׁמוֹ בְּשַׁבָּת, חַיָּב עָלָיו חַטָּאת. וּשְׁאָר כָּל הַזְּבָחִים שֶׁשְּׁחָטָן לְשֵׁם פֶּסַח, אִם אֵינָן רְאוּיִין, חַיָּב. וְאִם רְאוּיִין הֵן, רַבִּי אֱלִיעֶזֶר מְחַיֵּב חַטָּאת, וְרַבִּי יְהוֹשֻׁעַ פּוֹטֵר. אָמַר רַבִּי אֱלִיעֶזֶר, מָה אִם הַפֶּסַח שֶׁהוּא מֻתָּר לִשְׁמוֹ, כְּשֶׁשִּׁנָּה אֶת שְׁמוֹ, חַיָּב. זְבָחִים שֶׁהֵן אֲסוּרִין לִשְׁמָן, כְּשֶׁשִּׁנָּה אֶת שְׁמָן, אֵינוֹ דִין שֶׁיְּהֵא חַיָּב. אָמַר לוֹ רַבִּי יְהוֹשֻׁעַ, לֹא, אִם אָמַרְתָּ בַּפֶּסַח שֶׁשִּׁנָּהוּ לְדָבָר אָסוּר, תֹּאמַר בַּזְּבָחִים שֶׁשִּׁנָּן לְדָבָר הַמֻּתָּר. אָמַר לוֹ רַבִּי אֱלִיעֶזֶר, אֵמוּרֵי צִבּוּר יוֹכִיחוּ, שֶׁהֵן מֻתָּרִין לִשְׁמָן, וְהַשּׁוֹחֵט לִשְׁמָן, חַיָּב. אָמַר לוֹ רַבִּי יְהוֹשֻׁעַ, לֹא, אִם אָמַרְתָּ בְּאֵמוּרֵי צִבּוּר שֶׁיֵּשׁ לָהֶן קִצְבָה, תֹּאמַר בַּפֶּסַח שֶׁאֵין לוֹ קִצְבָה. רַבִּי מֵאִיר אוֹמֵר, אַף הַשּׁוֹחֵט לְשֵׁם אֵמוּרֵי צִבּוּר, פָּטוּר:

ו׳ שְׁחָטוֹ שֶׁלֹּא לְאוֹכְלָיו וְשֶׁלֹּא לִמְנוּיָיו, לַעֲרֵלִין וְלִטְמֵאִין, חַיָּב. לְאוֹכְלָיו וְשֶׁלֹּא לְאוֹכְלָיו, לִמְנוּיָיו וְשֶׁלֹּא לִמְנוּיָיו, לַמּוּלִין וְלָעֲרֵלִין, לַטְּהוֹרִים וְלַטְּמֵאִים, פָּטוּר. שְׁחָטוֹ וְנִמְצָא בַעַל מוּם, חַיָּב. שְׁחָטוֹ וְנִמְצָא טְרֵפָה בַסֵּתֶר, פָּטוּר. שְׁחָטוֹ וְנוֹדַע שֶׁמָּשְׁכוּ הַבְּעָלִים אֶת יָדָם, אוֹ שֶׁמֵּתוּ אוֹ שֶׁנִּטְמְאוּ, פָּטוּר, מִפְּנֵי שֶׁשָּׁחַט בִּרְשׁוּת:

פרק ז׳

א׳ כֵּיצַד צוֹלִין אֶת הַפֶּסַח, מְבִיאִין שַׁפּוּד שֶׁל רִמּוֹן, תּוֹחֲבוֹ מִתּוֹךְ פִּיו עַד בֵּית נְקוּבָתוֹ, וְנוֹתֵן אֶת כְּרָעָיו וְאֶת בְּנֵי מֵעָיו לְתוֹכוֹ, דִּבְרֵי רַבִּי יוֹסֵי הַגְּלִילִי. רַבִּי עֲקִיבָא אוֹמֵר, כְּמִין בִּשּׁוּל הוּא זֶה, אֶלָּא תּוֹלִין חוּצָה לוֹ:

ב׳ אֵין צוֹלִין אֶת הַפֶּסַח לֹא עַל הַשַּׁפּוּד וְלֹא עַל הָאַסְכָּלָא. אָמַר רַבִּי צָדוֹק, מַעֲשֶׂה בְּרַבָּן גַּמְלִיאֵל שֶׁאָמַר לְטָבִי עַבְדּוֹ, צֵא וּצְלֵה לָנוּ אֶת הַפֶּסַח עַל הָאַסְכְּלָא. נָגַע בְּחַרְסוֹ שֶׁל תַּנּוּר, יִקְלוֹף אֶת מְקוֹמוֹ. נָטַף מֵרָטְבּוֹ עַל הַחֶרֶס וְחָזַר עָלָיו, יִטּוֹל אֶת מְקוֹמוֹ. נָטַף מֵרָטְבּוֹ עַל הַסֹּלֶת, יִקְמוֹץ אֶת מְקוֹמוֹ:

ג׳ סָכוֹ בְּשֶׁמֶן תְּרוּמָה, אִם חֲבוּרַת כֹּהֲנִים, יֹאכֵלוּ. אִם יִשְׂרָאֵל, אִם חַי הוּא, יְדִיחֶנּוּ. וְאִם צָלִי הוּא, יִקְלוֹף אֶת הַחִיצוֹן. סָכוֹ בְּשֶׁמֶן שֶׁל מַעֲשֵׂר שֵׁנִי, לֹא יַעֲשֶׂנּוּ דָמִים עַל בְּנֵי חֲבוּרָה, שֶׁאֵין פּוֹדִין מַעֲשֵׂר שֵׁנִי בִּירוּשָׁלָיִם:

ד׳ חֲמִשָּׁה דְבָרִים בָּאִין בְּטֻמְאָה וְאֵינָן נֶאֱכָלִין בְּטֻמְאָה, הָעֹמֶר, וּשְׁתֵּי הַלֶּחֶם, וְלֶחֶם הַפָּנִים, וְזִבְחֵי שַׁלְמֵי צִבּוּר, וּשְׂעִירֵי רָאשֵׁי חֳדָשִׁים. הַפֶּסַח שֶׁבָּא בְטֻמְאָה, נֶאֱכָל בְּטֻמְאָה, שֶׁלֹּא בָא מִתְּחִלָּתוֹ אֶלָּא לַאֲכִילָה:

ה׳ נִטְמָא הַבָּשָׂר וְהַחֵלֶב קַיָּם, אֵינוֹ זוֹרֵק אֶת הַדָּם. נִטְמָא הַחֵלֶב וְהַבָּשָׂר קַיָּם, זוֹרֵק אֶת הַדָּם. וּבַמֻּקְדָּשִׁין אֵינוֹ כֵן, אֶלָּא אַף עַל פִּי שֶׁנִּטְמָא הַבָּשָׂר וְהַחֵלֶב קַיָּם, זוֹרֵק אֶת הַדָּם:

ו׳ נִטְמָא הַקָּהָל אוֹ רֻבּוֹ, אוֹ שֶׁהָיוּ הַכֹּהֲנִים טְמֵאִים וְהַקָּהָל טְהוֹרִים, יֵעָשֶׂה בְטֻמְאָה. נִטְמָא מִעוּט הַקָּהָל, הַטְּהוֹרִין עוֹשִׂין אֶת הָרִאשׁוֹן, וְהַטְּמֵאִין עוֹשִׂין אֶת הַשֵּׁנִי:

ז׳ הַפֶּסַח שֶׁנִּזְרַק דָּמוֹ, וְאַחַר כָּךְ נוֹדַע שֶׁהוּא טָמֵא, הַצִּיץ מְרַצֶּה. נִטְמָא הַגּוּף, אֵין הַצִּיץ מְרַצֶּה, מִפְּנֵי שֶׁאָמְרוּ, הַנָּזִיר וְעוֹשֶׂה פֶסַח, הַצִּיץ מְרַצֶּה עַל טֻמְאַת הַדָּם, וְאֵין הַצִּיץ מְרַצֶּה עַל טֻמְאַת הַגּוּף. נִטְמָא טֻמְאַת הַתְּהוֹם, הַצִּיץ מְרַצֶּה:

ח׳ נִטְמָא שָׁלֵם אוֹ רֻבּוֹ, שׂוֹרְפִין אוֹתוֹ לִפְנֵי הַבִּירָה מֵעֲצֵי הַמַּעֲרָכָה. נִטְמָא מִעוּטוֹ, וְהַנּוֹתָר, שׂוֹרְפִין אוֹתוֹ בְּחַצְרוֹתֵיהֶן אוֹ עַל גַּגּוֹתֵיהֶן מֵעֲצֵי עַצְמָן. הַצַּיְקָנִין שׂוֹרְפִין אוֹתוֹ לִפְנֵי הַבִּירָה בִּשְׁבִיל לֵהָנוֹת מֵעֲצֵי הַמַּעֲרָכָה:

ט׳ הַפֶּסַח שֶׁיָּצָא אוֹ שֶׁנִּטְמָא, יִשָּׂרֵף מִיָּד. נִטְמְאוּ הַבְּעָלִים אוֹ שֶׁמֵּתוּ, תְּעֻבַּר צוּרָתוֹ וְיִשָּׂרֵף בְּשִׁשָּׁה עָשָׂר. רַבִּי יוֹחָנָן בֶּן בְּרוֹקָה אוֹמֵר, אַף זֶה יִשָּׂרֵף מִיָּד, לְפִי שֶׁאֵין לוֹ אוֹכְלִין:

י׳ הָעֲצָמוֹת, וְהַגִּידִין, וְהַנּוֹתָר, יִשָּׂרְפוּ בְשִׁשָּׁה עָשָׂר. חָל שִׁשָּׁה עָשָׂר לִהְיוֹת בַּשַּׁבָּת, יִשָּׂרְפוּ בְּשִׁבְעָה עָשָׂר, לְפִי שֶׁאֵינָן דּוֹחִין לֹא אֶת הַשַּׁבָּת וְלֹא אֶת יוֹם טוֹב:

י״א כָּל הַנֶּאֱכָל בְּשׁוֹר הַגָּדוֹל, יֵאָכֵל בִּגְדִי הָרַךְ, וְרָאשֵׁי כְנָפַיִם וְהַסְּחוּסִים. הַשּׁוֹבֵר אֶת הָעֶצֶם בְּפֶסַח הַטָּהוֹר, הֲרֵי זֶה לוֹקֶה אַרְבָּעִים. אֲבָל הַמּוֹתִיר בַּטָּהוֹר וְהַשּׁוֹבֵר בַּטָּמֵא, אֵינוֹ לוֹקֶה אֶת הָאַרְבָּעִים:

י״ב אֵבֶר שֶׁיָּצָא מִקְצָתוֹ, חוֹתֵךְ עַד שֶׁמַּגִּיעַ לָעֶצֶם, וְקוֹלֵף עַד שֶׁמַּגִּיעַ לַפֶּרֶק, וְחוֹתֵךְ. וּבַמֻּקְדָּשִׁין קוֹצֵץ בַּקּוֹפִיץ, שֶׁאֵין בּוֹ מִשּׁוּם שְׁבִירַת הָעֶצֶם. מִן הָאֲגַף וְלִפְנִים כְּלִפְנִים, מִן הָאֲגַף וְלַחוּץ כְּלַחוּץ. הַחַלּוֹנוֹת, וְעוֹבִי הַחוֹמָה, כְּלִפְנִים:

י״ג שְׁתֵּי חֲבוּרוֹת שֶׁהָיוּ אוֹכְלוֹת בְּבַיִת אֶחָד, אֵלּוּ הוֹפְכִין אֶת פְּנֵיהֶם הֵילָךְ וְאוֹכְלִין, וְאֵלּוּ הוֹפְכִין אֶת פְּנֵיהֶם הֵילָךְ וְאוֹכְלִין, וְהַמֵּחַם בָּאֶמְצַע. וּכְשֶׁהַשַּׁמָּשׁ עוֹמֵד לִמְזוֹג, קוֹפֵץ אֶת פִּיו וּמַחֲזִיר אֶת פָּנָיו עַד שֶׁמַּגִּיעַ אֵצֶל חֲבוּרָתוֹ וְאוֹכֵל. וְהַכַּלָּה, הוֹפֶכֶת פָּנֶיהָ וְאוֹכֶלֶת:

פרק ח׳

א׳ הָאִשָּׁה בִּזְמַן שֶׁהִיא בְּבֵית בַּעְלָהּ, שָׁחַט עָלֶיהָ בַּעְלָהּ וְשָׁחַט עָלֶיהָ אָבִיהָ, תֹּאכַל מִשֶּׁל בַּעְלָהּ. הָלְכָה רֶגֶל רִאשׁוֹן לַעֲשׂוֹת בְּבֵית אָבִיהָ, שָׁחַט עָלֶיהָ אָבִיהָ וְשָׁחַט עָלֶיהָ בַּעְלָהּ, תֹּאכַל בִּמְקוֹם שֶׁהִיא רוֹצָה. יָתוֹם שֶׁשָּׁחֲטוּ עָלָיו אַפִּטְרוֹפְּסִים, יֹאכַל בִּמְקוֹם שֶׁהוּא רוֹצֶה. עֶבֶד שֶׁל שְׁנֵי שֻׁתָּפִין לֹא יֹאכַל מִשֶּׁל שְׁנֵיהֶן. מִי שֶׁחֶצְיוֹ עֶבֶד וְחֶצְיוֹ בֶּן חוֹרִין, לֹא יֹאכַל מִשֶּׁל רַבּוֹ:

ב׳ הָאוֹמֵר לְעַבְדּוֹ, צֵא וּשְׁחוֹט עָלַי אֶת הַפֶּסַח, שָׁחַט גְּדִי, יֹאכַל. שָׁחַט טָלֶה, יֹאכַל. שָׁחַט גְּדִי וְטָלֶה, יֹאכַל מִן הָרִאשׁוֹן. שָׁכַח מָה אָמַר לוֹ רַבּוֹ, כֵּיצַד יַעֲשֶׂה, יִשְׁחוֹט טָלֶה וּגְדִי וְיֹאמַר, אִם גְּדִי אָמַר לִי רַבִּי, גְּדִי שֶׁלּוֹ וְטָלֶה שֶׁלִּי. וְאִם טָלֶה אָמַר לִי רַבִּי הַטָּלֶה שֶׁלּוֹ וּגְדִי שֶׁלִּי. שָׁכַח רַבּוֹ מָה אָמַר לוֹ, שְׁנֵיהֶם יֵצְאוּ לְבֵית הַשְּׂרֵפָה, וּפְטוּרִין מִלַּעֲשׂוֹת פֶּסַח שֵׁנִי:

ג׳ הָאוֹמֵר לְבָנָיו, הֲרֵינִי שׁוֹחֵט אֶת הַפֶּסַח עַל מִי שֶׁיַּעֲלֶה מִכֶּם רִאשׁוֹן לִירוּשָׁלַיִם, כֵּיוָן שֶׁהִכְנִיס הָרִאשׁוֹן רֹאשׁוֹ וְרֻבּוֹ, זָכָה בְחֶלְקוֹ וּמְזַכֶּה אֶת אֶחָיו עִמּוֹ. לְעוֹלָם נִמְנִין עָלָיו עַד שֶׁיְּהֵא בוֹ כַּזַּיִת לְכָל אֶחָד וְאֶחָד. נִמְנִין וּמוֹשְׁכִין אֶת יְדֵיהֶן מִמֶּנּוּ עַד שֶׁיִּשְׁחוֹט. רַבִּי שִׁמְעוֹן אוֹמֵר, עַד שֶׁיִּזְרוֹק עָלָיו אֶת הַדָּם :

ד׳ הַמְמַנֶּה עִמּוֹ אֲחֵרִים בְּחֶלְקוֹ, רַשָּׁאִין בְּנֵי חֲבוּרָה לִתֵּן לוֹ אֶת שֶׁלּוֹ, וְהוּא אוֹכֵל מִשֶּׁלּוֹ, וְהֵן אוֹכְלִין מִשֶּׁלָּהֶן:

ה׳ זָב שֶׁרָאָה שְׁתֵּי רְאִיּוֹת, שׁוֹחֲטִין עָלָיו בַּשְּׁבִיעִי. רָאָה שָׁלֹשׁ, שׁוֹחֲטִין עָלָיו בַּשְּׁמִינִי שֶׁלּוֹ. שׁוֹמֶרֶת יוֹם כְּנֶגֶד יוֹם, שׁוֹחֲטִין עָלֶיהָ בַּשֵּׁנִי שֶׁלָּהּ. רָאֲתָה שְׁנֵי יָמִים, שׁוֹחֲטִין עָלֶיהָ בַּשְּׁלִישִׁי. וְהַזָּבָה שׁוֹחֲטִין עָלֶיהָ בַּשְּׁמִינִי:

ו׳ הָאוֹנֵן, וְהַמְפַקֵּחַ אֶת הַגַּל, וְכֵן מִי שֶׁהִבְטִיחוּהוּ לְהוֹצִיאוֹ מִבֵּית הָאֲסוּרִים, וְהַחוֹלֶה וְהַזָּקֵן שֶׁהֵן יְכוֹלִין לֶאֱכוֹל כַּזַּיִת, שׁוֹחֲטִין עֲלֵיהֶן. עַל כֻּלָּן אֵין שׁוֹחֲטִין עֲלֵיהֶן בִּפְנֵי עַצְמָן, שֶׁמָּא יָבִיאוּ אֶת הַפֶּסַח לִידֵי

פְּסוּל. לְפִיכָךְ אִם אֵרַע בָּהֶן פְּסוּל, פְּטוּרִין מִלַּעֲשׂוֹת פֶּסַח שֵׁנִי, חוּץ מִן הַמְפַקֵּחַ בַּגַּל שֶׁהוּא טָמֵא מִתְּחִלָּתוֹ:

ז׳ אֵין שׁוֹחֲטִין אֶת הַפֶּסַח עַל הַיָּחִיד, דִּבְרֵי רַבִּי יְהוּדָה. וְרַבִּי יוֹסֵי מַתִּיר. אֲפִלּוּ חֲבוּרָה שֶׁל מֵאָה שֶׁאֵין יְכוֹלִין לֶאֱכוֹל כַּזַּיִת, אֵין שׁוֹחֲטִין עֲלֵיהֶן. וְאֵין עוֹשִׂין חֲבוּרַת נָשִׁים וַעֲבָדִים וּקְטַנִּים:

ח׳ אוֹנֵן טוֹבֵל וְאוֹכֵל אֶת פִּסְחוֹ לָעֶרֶב, אֲבָל לֹא בַקֳּדָשִׁים. הַשּׁוֹמֵעַ עַל מֵתוֹ, וְהַמְלַקֵּט לוֹ עֲצָמוֹת, טוֹבֵל וְאוֹכֵל בַּקֳּדָשִׁים. גֵּר שֶׁנִּתְגַּיֵּר בְּעֶרֶב פֶּסַח, בֵּית שַׁמַּאי אוֹמְרִים, טוֹבֵל וְאוֹכֵל אֶת פִּסְחוֹ לָעֶרֶב. וּבֵית הִלֵּל אוֹמְרִים, הַפּוֹרֵשׁ מִן הָעָרְלָה כְּפוֹרֵשׁ מִן הַקֶּבֶר:

פרק ט׳

א׳ מִי שֶׁהָיָה טָמֵא אוֹ בְדֶרֶךְ רְחוֹקָה וְלֹא עָשָׂה אֶת הָרִאשׁוֹן, יַעֲשֶׂה אֶת הַשֵּׁנִי. שָׁגַג אוֹ נֶאֱנַס וְלֹא עָשָׂה אֶת הָרִאשׁוֹן, יַעֲשֶׂה אֶת הַשֵּׁנִי. אִם כֵּן, לָמָּה נֶאֱמַר טָמֵא אוֹ שֶׁהָיָה בְדֶרֶךְ רְחוֹקָה, שֶׁאֵלּוּ פְטוּרִין מִן הַהִכָּרֵת, וְאֵלּוּ חַיָּבִין בַּהִכָּרֵת:

ב׳ אֵיזוֹ הִיא דֶרֶךְ רְחוֹקָה, מִן הַמּוֹדִיעִים וְלַחוּץ, וּכְמִדָּתָהּ לְכָל רוּחַ, דִּבְרֵי רַבִּי עֲקִיבָא. רַבִּי אֱלִיעֶזֶר אוֹמֵר, מֵאִסְקֻפַּת הָעֲזָרָה וְלַחוּץ. אָמַר רַבִּי יוֹסֵי, לְפִיכָךְ נָקוּד עַל ה׳ לוֹמַר, לֹא מִפְּנֵי שֶׁרְחוֹקָה וַדַּאי, אֶלָּא מֵאִסְקֻפַּת הָעֲזָרָה וְלַחוּץ:

ג׳ מַה בֵּין פֶּסַח רִאשׁוֹן לַשֵּׁנִי, הָרִאשׁוֹן אָסוּר בְּבַל יֵרָאֶה וּבַל יִמָּצֵא, וְהַשֵּׁנִי, מַצָּה וְחָמֵץ עִמּוֹ בַבָּיִת. הָרִאשׁוֹן טָעוּן הַלֵּל בַּאֲכִילָתוֹ, וְהַשֵּׁנִי אֵינוֹ טָעוּן הַלֵּל בַּאֲכִילָתוֹ. זֶה וָזֶה טָעוּן הַלֵּל בַּעֲשִׂיָּתָן, וְנֶאֱכָלִין צָלִי עַל מַצּוֹת וּמְרוֹרִים, וְדוֹחִין אֶת הַשַּׁבָּת:

ד׳ הַפֶּסַח שֶׁבָּא בְטֻמְאָה, לֹא יֹאכְלוּ מִמֶּנּוּ זָבִין וְזָבוֹת נִדּוֹת וְיוֹלְדוֹת. וְאִם אָכְלוּ, פְּטוּרִים מִכָּרֵת. רַבִּי אֱלִיעֶזֶר פּוֹטֵר אַף עַל בִּיאַת מִקְדָּשׁ:

ה׳ מַה בֵּין פֶּסַח מִצְרַיִם לְפֶסַח דּוֹרוֹת, פֶּסַח מִצְרַיִם מִקָּחוֹ מִבֶּעָשׂוֹר, וְטָעוּן הַזָּאָה בַּאֲגֻדַּת אֵזוֹב עַל הַמַּשְׁקוֹף וְעַל שְׁתֵּי מְזוּזוֹת, וְנֶאֱכָל בְּחִפָּזוֹן בְּלַיְלָה אֶחָד, וּפֶסַח דּוֹרוֹת נוֹהֵג כָּל שִׁבְעָה:

ו׳ אָמַר רַבִּי יְהוֹשֻׁעַ, שָׁמַעְתִּי שֶׁתְּמוּרַת הַפֶּסַח קְרֵבָה, וּתְמוּרַת הַפֶּסַח אֵינָהּ קְרֵבָה, וְאֵין לִי לְפָרֵשׁ. אָמַר רַבִּי עֲקִיבָא, אֲנִי אֲפָרֵשׁ. הַפֶּסַח שֶׁנִּמְצָא קֹדֶם שְׁחִיטַת הַפֶּסַח, יִרְעֶה עַד שֶׁיִּסְתָּאֵב, וְיִמָּכֵר, וְיִקַּח בְּדָמָיו שְׁלָמִים, וְכֵן תְּמוּרָתוֹ. אַחַר שְׁחִיטַת הַפֶּסַח, קָרֵב שְׁלָמִים, וְכֵן תְּמוּרָתוֹ:

ז׳ הַמַּפְרִישׁ נְקֵבָה לְפִסְחוֹ אוֹ זָכָר בֶּן שְׁתֵּי שָׁנִים, יִרְעֶה עַד שֶׁיִּסְתָּאֵב, וְיִמָּכֵר, וְיִפְּלוּ דָמָיו לִנְדָבָה. הַמַּפְרִישׁ פִּסְחוֹ וָמֵת, לֹא יְבִיאֶנּוּ בְנוֹ אַחֲרָיו לְשֵׁם פֶּסַח, אֶלָּא לְשֵׁם שְׁלָמִים:

ח׳ הַפֶּסַח שֶׁנִּתְעָרֵב בַּזְּבָחִים, כֻּלָּן יִרְעוּ עַד שֶׁיִּסְתָּאֲבוּ, וְיִמָּכְרוּ, וְיָבִיא בִּדְמֵי הַיָּפֶה שֶׁבָּהֶן מִמִּין זֶה, וּבִדְמֵי הַיָּפֶה שֶׁבָּהֶן מִמִּין זֶה, וְיַפְסִיד הַמּוֹתָר מִבֵּיתוֹ. נִתְעָרֵב בַּבְּכוֹרוֹת, רַ׳ שִׁמְעוֹן אוֹמֵר אִם חֲבוּרַת כֹּהֲנִים יֹאכֵלוּ :

ט׳ חֲבוּרָה שֶׁאָבַד פִּסְחָהּ, וְאָמְרָה לְאֶחָד, צֵא וּבַקֵּשׁ וּשְׁחוֹט עָלֵינוּ, וְהָלַךְ וּמָצָא וְשָׁחַט, וְהֵם לָקְחוּ וְשָׁחֲטוּ, אִם שֶׁלּוֹ נִשְׁחַט רִאשׁוֹן, הוּא אוֹכֵל מִשֶּׁלּוֹ, וְהֵם אוֹכְלִים עִמּוֹ מִשֶּׁלּוֹ, וְאִם שֶׁלָּהֶן נִשְׁחַט רִאשׁוֹן, הֵם אוֹכְלִין מִשֶּׁלָּהֶן, וְהוּא אוֹכֵל מִשֶּׁלּוֹ. וְאִם אֵינוֹ יָדוּעַ אֵיזֶה מֵהֶן נִשְׁחַט רִאשׁוֹן, אוֹ שֶׁשָּׁחֲטוּ שְׁנֵיהֶן

כְּאֶחָד, הוּא אוֹכֵל מִשֶּׁלּוֹ, וְהֵם אֵינָם אוֹכְלִים עִמּוֹ, וְשֶׁלָּהֶן יֵצֵא לְבֵית הַשְּׂרֵפָה, וּפְטוּרִין מִלַּעֲשׂוֹת פֶּסַח שֵׁנִי. אָמַר לָהֶן, אִם אֵחַרְתִּי, צְאוּ וְשַׁחֲטוּ עָלָי. הָלַךְ וּמָצָא וְשָׁחַט, וְהֵן לָקְחוּ וְשָׁחֲטוּ. אִם שֶׁלָּהֶן נִשְׁחַט רִאשׁוֹן, הֵן אוֹכְלִין מִשֶּׁלָּהֶן, וְהוּא אוֹכֵל עִמָּהֶן. וְאִם שֶׁלּוֹ נִשְׁחַט רִאשׁוֹן, הוּא אוֹכֵל מִשֶּׁלּוֹ, וְהֵן אוֹכְלִין מִשֶּׁלָּהֶן. וְאִם אֵינוֹ יָדוּעַ אֵיזֶה מֵהֶם נִשְׁחַט רִאשׁוֹן, אוֹ שֶׁשָּׁחֲטוּ שְׁנֵיהֶם כְּאֶחָד, הֵן אוֹכְלִין מִשֶּׁלָּהֶן, וְהוּא אֵינוֹ אוֹכֵל עִמָּהֶן, וְשֶׁלּוֹ יֵצֵא לְבֵית הַשְּׂרֵפָה, וּפָטוּר מִלַּעֲשׂוֹת פֶּסַח שֵׁנִי. אָמַר לָהֶן וְאָמְרוּ לוֹ, אוֹכְלִין כֻּלָּם מִן הָרִאשׁוֹן. וְאִם אֵין יָדוּעַ אֵיזֶה מֵהֶן נִשְׁחַט רִאשׁוֹן, שְׁנֵיהֶן יוֹצְאִין לְבֵית הַשְּׂרֵפָה. לֹא אָמַר לָהֶן וְלֹא אָמְרוּ לוֹ, אֵינָן אַחֲרָאִין זֶה לָזֶה:

י׳ שְׁתֵּי חֲבוּרוֹת שֶׁנִּתְעָרְבוּ פִסְחֵיהֶן, אֵלּוּ מוֹשְׁכִין לָהֶן אֶחָד וְאֵלּוּ מוֹשְׁכִין לָהֶן אֶחָד, אֶחָד מֵאֵלּוּ בָּא לוֹ אֵצֶל אֵלּוּ, וְאֶחָד מֵאֵלּוּ בָּא לוֹ אֵצֶל אֵלּוּ, וְכָךְ הֵם אוֹמְרִים, אִם שֶׁלָּנוּ הוּא הַפֶּסַח הַזֶּה, יָדֶיךָ מְשׁוּכוֹת מִשֶּׁלְּךָ וְנִמְנֵיתָ עַל שֶׁלָּנוּ, וְאִם שֶׁלְּךָ הוּא הַפֶּסַח הַזֶּה, יָדֵינוּ מְשׁוּכוֹת מִשֶּׁלָּנוּ וְנִמְנִינוּ עַל שֶׁלְּךָ. וְכֵן חָמֵשׁ חֲבוּרוֹת שֶׁל חֲמִשָּׁה חֲמִשָּׁה, וְשֶׁל עֲשָׂרָה עֲשָׂרָה, מוֹשְׁכִין לָהֶן אֶחָד מִכָּל חֲבוּרָה וַחֲבוּרָה, וְכֵן הֵם אוֹמְרִים:

י״א שְׁנַיִם שֶׁנִּתְעָרְבוּ פִסְחֵיהֶם, זֶה מוֹשֵׁךְ לוֹ אֶחָד, וְזֶה מוֹשֵׁךְ לוֹ אֶחָד, זֶה מְמַנֶּה עִמּוֹ אֶחָד מִן הַשּׁוּק, וְזֶה מְמַנֶּה עִמּוֹ אֶחָד מִן הַשּׁוּק, זֶה בָּא אֵצֶל זֶה, וְזֶה בָּא אֵצֶל זֶה, וְכָךְ הֵם אוֹמְרִים, אִם שֶׁלִּי הוּא פֶּסַח זֶה, יָדֶיךָ מְשׁוּכוֹת מִשֶּׁלְּךָ וְנִמְנֵיתָ עַל שֶׁלִּי. וְאִם שֶׁלְּךָ הוּא פֶּסַח זֶה, יָדַי מְשׁוּכוֹת מִשֶּׁלִּי וְנִמְנֵיתִי עַל שֶׁלְּךָ:

פרק י׳

א׳ עַרְבֵי פְסָחִים סָמוּךְ לַמִּנְחָה, לֹא יֹאכַל אָדָם עַד שֶׁתֶּחְשַׁךְ. וַאֲפִלּוּ עָנִי שֶׁבְּיִשְׂרָאֵל לֹא יֹאכַל עַד שֶׁיָּסֵב. וְלֹא יִפְחֲתוּ לוֹ מֵאַרְבָּעָה כוֹסוֹת שֶׁל יַיִן, וַאֲפִלּוּ מִן הַתַּמְחוּי:

ב׳ מָזְגוּ לוֹ כוֹס רִאשׁוֹן, בֵּית שַׁמַּאי אוֹמְרִים, מְבָרֵךְ עַל הַיּוֹם, וְאַחַר כָּךְ מְבָרֵךְ עַל הַיַּיִן. וּבֵית הִלֵּל אוֹמְרִים, מְבָרֵךְ עַל הַיַּיִן, וְאַחַר כָּךְ מְבָרֵךְ עַל הַיּוֹם:

ג׳ הֵבִיאוּ לְפָנָיו, מְטַבֵּל בַּחֲזֶרֶת, עַד שֶׁמַּגִּיעַ לְפַרְפֶּרֶת הַפַּת. הֵבִיאוּ לְפָנָיו מַצָּה וַחֲזֶרֶת וַחֲרֹסֶת וּשְׁנֵי תַבְשִׁילִין, אַף עַל פִּי שֶׁאֵין חֲרֹסֶת מִצְוָה. רַבִּי אֱלִיעֶזֶר בְּרַבִּי צָדוֹק אוֹמֵר, מִצְוָה. וּבַמִּקְדָּשׁ הָיוּ מְבִיאִים לְפָנָיו גּוּפוֹ שֶׁל פֶּסַח:

ד׳ מָזְגוּ לוֹ כוֹס שֵׁנִי, וְכָאן הַבֵּן שׁוֹאֵל אָבִיו. וְאִם אֵין דַּעַת בַּבֵּן, אָבִיו מְלַמְּדוֹ, מַה נִּשְׁתַּנָּה הַלַּיְלָה הַזֶּה מִכָּל הַלֵּילוֹת, שֶׁבְּכָל הַלֵּילוֹת אָנוּ אוֹכְלִין חָמֵץ וּמַצָּה, הַלַּיְלָה הַזֶּה כֻּלּוֹ מַצָּה. שֶׁבְּכָל הַלֵּילוֹת אָנוּ אוֹכְלִין שְׁאָר יְרָקוֹת, הַלַּיְלָה הַזֶּה מָרוֹר. שֶׁבְּכָל הַלֵּילוֹת אָנוּ אוֹכְלִין בָּשָׂר צָלִי, שָׁלוּק, וּמְבֻשָּׁל, הַלַּיְלָה הַזֶּה כֻּלּוֹ צָלִי. שֶׁבְּכָל הַלֵּילוֹת אָנוּ מַטְבִּילִין פַּעַם אַחַת, הַלַּיְלָה הַזֶּה שְׁתֵּי פְעָמִים. וּלְפִי דַעְתּוֹ שֶׁל בֵּן, אָבִיו מְלַמְּדוֹ. מַתְחִיל בִּגְנוּת וּמְסַיֵּם בְּשֶׁבַח, וְדוֹרֵשׁ מֵאֲרַמִּי אוֹבֵד אָבִי, עַד שֶׁיִּגְמוֹר כָּל הַפָּרָשָׁה כֻּלָּהּ:

ה׳ רַבָּן גַּמְלִיאֵל הָיָה אוֹמֵר, כָּל שֶׁלֹּא אָמַר שְׁלשָׁה דְבָרִים אֵלּוּ בַּפֶּסַח, לֹא יָצָא יְדֵי חוֹבָתוֹ, וְאֵלּוּ הֵן, פֶּסַח, מַצָּה, וּמָרוֹר. פֶּסַח, עַל שׁוּם שֶׁפָּסַח הַמָּקוֹם עַל בָּתֵּי אֲבוֹתֵינוּ

בְּמִצְרָיִם. מַצָּה, עַל שׁוּם שֶׁנִּגְאֲלוּ אֲבוֹתֵינוּ מִמִּצְרָיִם. מָרוֹר, עַל שׁוּם שֶׁמֵּרְרוּ הַמִּצְרִים אֶת חַיֵּי אֲבוֹתֵינוּ בְּמִצְרָיִם. בְּכָל דּוֹר וָדוֹר חַיָּב אָדָם לִרְאוֹת אֶת עַצְמוֹ כְּאִלּוּ הוּא יָצָא מִמִּצְרַיִם, שֶׁנֶּאֱמַר (שמות יג), וְהִגַּדְתָּ לְבִנְךָ בַּיּוֹם הַהוּא לֵאמֹר, בַּעֲבוּר זֶה עָשָׂה ה׳ לִי בְּצֵאתִי מִמִּצְרָיִם. לְפִיכָךְ אֲנַחְנוּ חַיָּבִין לְהוֹדוֹת, לְהַלֵּל, לְשַׁבֵּחַ, לְפָאֵר, לְרוֹמֵם, לְהַדֵּר, לְבָרֵךְ, לְעַלֵּה, וּלְקַלֵּס, לְמִי שֶׁעָשָׂה לַאֲבוֹתֵינוּ וְלָנוּ אֶת כָּל הַנִּסִּים הָאֵלּוּ, הוֹצִיאָנוּ מֵעַבְדוּת לְחֵרוּת, מִיָּגוֹן לְשִׂמְחָה, וּמֵאֵבֶל לְיוֹם טוֹב, וּמֵאֲפֵלָה לְאוֹר גָּדוֹל, וּמִשִּׁעְבּוּד לִגְאֻלָּה. וְנֹאמַר לְפָנָיו, הַלְלוּיָהּ:

ו׳ עַד הֵיכָן הוּא אוֹמֵר, בֵּית שַׁמַּאי אוֹמְרִים, עַד אֵם הַבָּנִים שְׂמֵחָה. וּבֵית הִלֵּל אוֹמְרִים, עַד חַלָּמִישׁ לְמַעְיְנוֹ מָיִם. וְחוֹתֵם בִּגְאֻלָּה. רַבִּי טַרְפוֹן אוֹמֵר, אֲשֶׁר גְּאָלָנוּ וְגָאַל אֶת אֲבוֹתֵינוּ מִמִּצְרַיִם, וְלֹא הָיָה חוֹתֵם. רַבִּי עֲקִיבָא אוֹמֵר, כֵּן ה׳ אֱלֹהֵינוּ וֵאלֹהֵי אֲבוֹתֵינוּ לְקָרָאתֵנוּ לְשָׁלוֹם, שְׂמֵחִים בְּבִנְיַן עִירֶךָ וְשָׂשִׂים בַּעֲבוֹדָתֶךָ, וְנֹאכַל שָׁם מִן הַזְּבָחִים יַגִּיעֵנוּ לְמוֹעֲדִים וְלִרְגָלִים אֲחֵרִים הַבָּאִים וּמִן הַפְּסָחִים כו׳, עַד בָּרוּךְ אַתָּה ה׳, גָּאַל יִשְׂרָאֵל:

ז׳ מָזְגוּ לוֹ כוֹס שְׁלִישִׁי, מְבָרֵךְ עַל מְזוֹנוֹ. רְבִיעִי, גּוֹמֵר עָלָיו אֶת הַהַלֵּל, וְאוֹמֵר עָלָיו בִּרְכַּת הַשִּׁיר. בֵּין הַכּוֹסוֹת הַלָּלוּ, אִם רוֹצֶה לִשְׁתּוֹת, יִשְׁתֶּה. בֵּין שְׁלִישִׁי לִרְבִיעִי, לֹא יִשְׁתֶּה:

ח׳ אֵין מַפְטִירִין אַחַר הַפֶּסַח אֲפִיקוֹמָן. יָשְׁנוּ מִקְצָתָן, יֹאכֵלוּ. כֻּלָּן, לֹא יֹאכֵלוּ. רַבִּי יוֹסֵי אוֹמֵר, נִתְנַמְנְמוּ, יֹאכֵלוּ. נִרְדְּמוּ, לֹא יֹאכֵלוּ:

ט׳ הַפֶּסַח אַחַר חֲצוֹת, מְטַמֵּא אֶת הַיָּדָיִם. הַפִּגּוּל וְהַנּוֹתָר, מְטַמְּאִין אֶת הַיָּדָיִם. בֵּרַךְ בִּרְכַּת הַפֶּסַח פָּטַר אֶת שֶׁל זֶבַח. בֵּרַךְ אֶת שֶׁל זֶבַח, לֹא פָטַר אֶת שֶׁל פֶּסַח, דִּבְרֵי רַבִּי יִשְׁמָעֵאל. רַבִּי עֲקִיבָא אוֹמֵר, לֹא זוֹ פוֹטֶרֶת זוֹ, וְלֹא זוֹ פוֹטֶרֶת זוֹ:

דִּבְרֵי תוֹרָה

The next few pages are for writing in דִּבְרֵי תוֹרָה of your own.

לעילוי נשמת

רחמים בן אדל ע"ה

In Loving Memory of

Raymond Kairey

In memory of

Latifeh Guindi ז"ל

Aleppo, Syria~February 26, 1924

New York~December 2, 2011

7 Kislev 5772

לעילוי נשמת

אליהו בן רוזה

by the Rofe Family

In Memory of

David H Franco

Sarah Franco

Moses E Rahmey

Ruth Rahmey

by Harry and Ellen Franco

their children

and grandchildren

In memory of

Raymond ~Rachmo~ Braha

Sarah Sofiah Braha

by the Braha Family

In memory of
Ezra Harary
Sarah Harary
David Massre
Mary Massre
by
Eli and Marcia Harary

In Loving Memory

of

Lillian Bat Bayla

from her daughter

Jody

In honor of
my children
Charlie and Ricky Sutton
by their father
Morris Sutton

In honor of our children

Molly

Barbara

Ralph

Meir

and Joseph Kassin

May they continue to grow
in the ways of the Torah
and to exemplify
proper Middot
throughout their lives.

By your loving parents.

We dedicate this page to
Rabbi Franco who...
Leads our prayers and makes us smile,
Gives out candy and walks for miles;
Tells us stories with lots of jokes,
and gets along with all kind of folks.
Teaches us lessons and inspires us, too,
From the YMA kids
here's a big thank you!

Dedicated by
Yitzy and Paula Nagar
in honor of our children
Leah, Susana
and Jacqueline

A special thanks to
Rabbi Franco
for all that he does.

In Honor of

Stanley and Alice Labaton

By

Mr. and Mrs. David Labaton

In memory of

David Ben Ester

Haim Shimon Ben Ayala

Berachah and Hatslacha

to R' Franco and his Family

From the Dadoun Family

In Honor of

Rabbi David Franco

For teaching us Torah with love.

Marvin and David Saka

Donated in honor of

our children

Sarah, Eli, Sofia and Joyce

by

Freda and Eddie Levy

In Memory of

Shmuel ben Rachel

Moshe ben Rachel

by

David Hidary

and Family

In Memory of

AMALIA BAT SULTANA

from the

Levy Family

Additional support from:

Mr. Michael Fallas

Mr. Eddie Harary

Mr. Ronnie Safdieh

Mr. Albert Cohen

Mr. Jack Sutton

Dedicated to the
Crown Jewel
of our family
a true Aishet Chayil
Florence Doueck

פִּיהָ פָּתְחָה בְחָכְמָה
וְתוֹרַת חֶסֶד עַל לְשׁוֹנָהּ:

Love
Nathan, Hal, Gary, Sammy
and Annette Doueck